和尚さんの

一分で心を整えることば

名取芳彦

元結不動 密蔵院住職

永岡書店

はじめに

いつでも、どんなことがあっても、心おだやかでいるために特化したコンテンツ、それが仏教です。その目標を達成した人を「仏」といい、その境地を「悟り」といいます。

そんな境地に到達できるのだろうかと思われるかもしれませんが、少なくとも、お釈迦さまはその一人です。お釈迦さまが悟りを開いた以上、私たちにも悟りは開けます。広い宇宙で地球に人類がいる以上、宇宙人はどこかにいると考えるのと同じです（宇宙人がいるという証拠が、地球にいる私たちなのです）。

仏教が説かれ始めてから二千五百年。その間に、私を含めた多くの人たちが仏教の門をたたいて仏の弟子になりました。生まれながらの弟子はいませんが、生まれながらに悟りを開いていた人もいません。弟子の誰もが、生まれ育った時代、その地域の〝世間の常識〟や価値観に縛られ、あるいは無常観に打ちひしがれるなど、生きづらさを経験していたのではないでしょうか。

弟子たちは出家する前の自分の苦悩をふり返り、生きづらい世の中を心おだやかに生きるにはどうすればよかったのかを考えたでしょう。お経の多くは、弟子の視線ではなく、悟りを開いた仏の視線や感覚、境地から説かれているので、悲喜こもごもの日常を送っている私たちにはなかなか理解できないし、共感するのも容易ではありません。

しかし、そこに説かれているのは、日常で起こる具体的な苦しさやつらさの原因を探ってたどりついた、広大で、自由で、大肯定された世界です。

弟子のうち、一人として「仏教は、日常の役になんか立たない」と言っている人はいないのですから、彼らが出家する前に抱えていた苦悩は、仏教の教えで解決できたとするのが自然でしょう。彼らは仏教の教えを手掛かりにして、自分の、ひいては人びとの具体的な苦悩を明らかにし、心おだやかになり、〝決着〟の判を押して心の整理箱に入れていったのです。

そのために必要だったことのひとつは、私たちの心を煩《わずら》わせ、悩ませる「煩悩」の分析でした。

煩悩を悪い心の総称のように考えている方もいるかもしれませんが、それは少し違います。

煩悩は、心おだやかでいるのを邪魔する心のこと、心を乱す心のあり方のことです。

「お金が欲しい」と思うこと自体は煩悩ではありません。「お金はあったほうがいいけれど、なければないで仕方がない」と思えば心は乱れませんから、煩悩にはなりません。

「私は毎日心おだやかに生きられて幸せです」とおっしゃるお年寄りも「自分だけ心おだやかなら、それでいいんですか」と問われて心が落ち着かなくなるようなら、「自分は心おだやかに生きる」という考え方自体が煩悩になります。

こうして、煩悩でない心や煩悩になる心に関して、仏教は長い時間をかけて分析してきました。その代表的な煩悩が「むさぼり」、「いかり」、「おろかさ」の三大煩悩で、この三つからこまごまとした煩悩が生まれて私たちの心を乱しますが、それは本文でご紹介していきます。


もうひとつ、心おだやかになるために必要だったのは、世の中が本当はどうなっているのかを分析することでした。それがわからないと、心は乱れっぱなしで、暴れ馬のように暴走し始めるからです。

「買い物をしたらお金を払う」という商売の本来のあり方を知らなければ、万引きや窃盗をして警察のお世話になり、心乱れる事態に追い込まれます。

お店でクーポンを使えば安く買えるというシステムを知らなければ、クーポンを使って同じ品物を買った隣の人が自分より少ない金額しか払わないことに合点がいかず、心はおだやかでなくなります。

そのように考えて発見されたのが、世の中の真実のあり方でした。

すべては縁（条件）によって引き起こされる、結果には必ず原因があるなどの、因縁や因果などの法則です。

また、結果をもたらす条件は、最も身近な時間の経過を含めて次々に変化するので、どんな結果も同じ状態を保つことはないという諸行無常の原則が導き出されます。

あるいは、生老病死という人の一生や自然現象などには嘘や偽りがなく、素晴らしいという世界観も生み出されることになります。

本書では、仏教が明らかにしてきた煩悩の分析や世界の本当のあり方を土台に、日常で起こる不安や苦しみ、つらさなどの個々の問題を扱っています。

ご紹介する多くは、私が実際に経験し、一定のレベルで決着して心おだやかになった方法であり、考え方です（残念ながら、学校ではあまり教えてくれないものばかりです）。仏教の数多くの弟子たちが、出家前の自分を思い返して、「あの時の心の乱れは何だったのか」「何が原因であれほど悩んだのか」と原因を掘り起こして心おだやかになった手法と同じです。

本書は、二〇一七年に永岡書店から上梓した『えんま様の格言』の文庫化に当たり、タイトルの『和尚さんの 一分で心を整えることば』にそって加筆・修正し、簡単に、なるべく読みやすくしたつもりです。また、現代的な問題に対応した最終章とコラムも新たに加えました。

いつでも、どんなことがあっても心おだやかでいるための本書の具体例を参考にして、これからあなたに降りかかる諸問題にも柔軟に対応して、心おだやかな日々をお過ごしいただければ幸いです。

元結不動　密蔵院住職　名取芳彦

目次

第三章 人間関係で心を乱さないために……87

第四章 楽しく笑って生きるために

第五章　自分で自分を幸せにするために

第六章　不安な日々を過ごしている人のために

第一章

心の天気は自分で晴らす

毎日を心おだやかに過ごすために

この命こそ最初のいただきもの

ある時、お寺の玄関に来た初老の男性が、「私は親から何も財産をもらっていません」と恨めしそうにおっしゃいました。

私は思わず「それはないでしょう。その命をもらっているじゃないですか」と返しました。

目に見えるお金や物ばかり崇拝しているので、何をするにも基本となる「命」をもらっているという意識がないようです。私はつづけました。

「ご自分で働いて、家を買ってローンを払い、子どもたちを育てたじゃないですか。すごいですよ。それができたのも、親御さんに命をもらったからですよ。お金がお好きなら、どんなこともできるその命をお金に換算したらどうです？」

私たちが初めてもらったもの——それは紛れもなく、親からもらったこの「命」です。そんな大切なことに気づかずに、卑屈になるのはもったいないことです。

私は三十代でこの方と会えてよかったと思います。年をとってまで、物やお金をくれなかった親を恨めしく思うような生き方をするのはやめよう、と誓えたからです。このことを再認識させてくれたあの男性に、今でも感謝しています。

出る杭《くい》は
打たれるのが常。
凹《へこ》むことはありません

人と違ったことをすると、白い目で見られることがあります。時に非難されたり、意地悪されたりすることもあるでしょう。

〝みんな一緒〟が安定していていい——これは、狭い島国で仲良く共に生きていくための、日本人独特の知恵かもしれません。能ある鷹《たか》でも爪を隠していたほうが、目立たずして楽に生きられます。自分の光を和《やわ》らげて、他の人の中に同化する「和光同塵《わこうどうじん》」は、慎み深く人生を無難に生きるための教えのひとつです。

しかし、なんでも人と合わせるわけにはいきません。自分がやりたいことや、やるべきことがあるでしょう。それを他の人が自分ほど一所懸命やらなければ、横並びの杭の一本がひょいと頭を出すようなもので、あなただけが目立ちます。そうなれば、周囲の風当たりが強くなるのは当然ともいえます。

しかし、凹むことはありません。やりたいこと、やるべきことを行なった結果として抜きん出たのですから、打たれたくらいでくよくよせずに、堂々としていましょう。そこで傲慢《ごうまん》になって他を見下したりせず、一所懸命やっている人にも手を貸してあげられれば、それでいいのです。

決断は人に頼ることなかれ

心の天気は自分で晴らす

私たちは多くのことに悩み、さまざまな決断を迫られて生きています。晴々した気持ちで決断できればいいのですが、悩みがあると心はどんよりと曇り空。決められなければ、雨に降りこめられたように身動きがとれないこともあります。

しかし、自分のことは自分でどうにかしないとなりません。一人で決められずに「誰かアドバイスをください。決めてください」と言ったところで、最終的には自分で決めなくてはいけません。

そこで、自分で決める勇気を持つために私の心にわいてきたのが、この「心の天気は自分で晴らす」という言葉でした。心を覆っていた雲は、自ら決断したとたんに雲散霧消《うんさんむしょう》することがあるものです。

決断をするために、ウェブで検索する、過去の経験に照らし合わせる、人に意見を聞くなどして集めた情報をもとに、「こうする」「こうしない」「保留にしておく」という選択肢の中から、どうするのが最善かを考えて決めましょう。

心の天気は自分で晴らすしかありませんし、晴らすことができます。その力が自分にあることを信じていいのです。

正直に「バカ」がついたらいけません

嘘をついてはいけません。
かといって
本当のことばかり
言わなくてもいいのです

黙っていればいいのに、洗いざらいぶちまけてしまう度を越した正直さを「バカ正直」といいます。

世の中には「嘘」と「真実」しかないように思っていて、嘘をついてはいけないのだから本当のことを言わなければならない、と頑《かたく》なに信じている人がいます。物事を両極端に捉えていて、よいか悪いか、きれいか汚いか、好きか嫌いか、としか考えられないのかもしれません。

「嘘も方便《ほうべん》」とばかりに嘘をついたとしても、嘘は必ず〝心のシミ〟になります。物事をスムーズに運ぶため、人にいやな思いをさせないためとはいえ、嘘はつかないほうがいいのです。しかし、嘘はいけないからと本当のことを言って状況を悪化させるくらいなら、バカ正直にすべてを話さなくてもいいのです。

罪深い嘘をついた者は、地獄の大王であるえんまさまに舌を抜かれてしまいます。ですが、えんまさまは「嘘はつくな！ ひいては嘘をつかなければならないようなことをするな！」と怒っているのであって、何も〝本当のこと〟を根掘り葉掘り聞こうとしているわけではありませんよ。

ご都合どおりに
ならないからって、
怒ってはいけません

いやだとか、悲しい、つらいなどのネガティブな感情がわくのは、自分の都合どおりにならない時。仏教では「苦しみ＝都合どおりにならないこと」と定義しています。この苦しみを抜くために、さまざまな仏教の教えがあります。

私たちの周りは、病気や天気、他人の思惑《おもわく》など、自分の思いどおりにならないことばかりです。それらにいちいち腹を立てていては、一日中、一生、自分自身が不快な思いで時を過ごすことになってしまいます。

人類の歴史は、苦を少なくするために「こうであったらいい」という望みを叶えることで進歩してきました。しかし、人間の欲にはきりがないのを知っていたお釈迦さまは、「都合を叶えるのではなく、都合を減らせば苦も減る」と説きました。「〇〇がいい」ではなく「〇〇でもいい」を多くして苦を減らし、心おだやかに生きていこうと考えるのです。

「都合を減らす」なんて消極的でいやだ、という人もいるかもしれませんが、自分の都合に振りまわされて暮らすより、ずっと自由でおだやかな生き方ができます。そして〝人生すべて大吉〟の日々がやってくるのです。

この先、今日より若い日はない

「この先、今日より若い日はない」――この言葉にはふたつの解釈があります。

ひとつめは「今日が一番若いのだから、この先は年をとるいっぽうだ。ぐはは」という、いささか厭味《いやみ》な解釈。ご高齢の方にとってはいやでしょうが、いやだろうと何だろうとごまかしようのない真実です（真実の多くは残酷です）。

この不都合な真実に向き合おうとする勇気を持つと、ふたつめの「今日より若い日はないのだから、やるなら今日からだ」と、前向きな解釈になります。

この言葉が生まれたのは、「〇〇をやりたかったのですが、もう年で……」とおっしゃる方と多く出会ったからでした。

「若いうちにやっておけばよかった」……人生にはそんなことがたくさんあります。その時、なすべきことに気づかないこともあり、また、「不正知《ふしょうち》」（なすべきこととそうでないことを知らないこと）のままに年をとってしまうことも多いのです。しかし、本当にやりたかったことがあるなら、「もう年だから」とできない理由を並べている暇はありません。明日は確実に一日年をとるのですから、やるなら今日からですよ。

「どうせ…」は、心の赤信号

知り合いを旅行に誘った時に、「前に行ったことがあるから」と断られたことがあります。以前とは一緒に行くメンバーも違えば、季節だって違いますし、前回からさまざまな経験を経て、本人の価値観だってその時とまったく同じではないはずです。行ったことがあるところでも、前と同じではないのです。

また、新しくできた飲食店が話題に上った時、これから行ってみようと楽しみにしている人の前で、「あそこは先週行ってきたよ。魚料理はおいしかったけど、肉料理がイマイチだった。パスタ系は普通だね」と自慢げに言う人がいます。

こうした人たちの口ぐせは「どうせ」です。「どうせ前と同じでしょ」「どうせ死んじゃうし」「どうせわかってくれないし」なんて言っている人に、誰も魅力を感じません。そんないわゆる〝ツマラナイ人〟は、泥水をたっぷり吸い込んだスポンジのようなもので、新鮮な水に浸しても、もはや吸い込む能力はありません。

「どうせ」が口をついて出るようになったら、心の赤信号が点滅している証拠です。自分で生き方をツマラナクしないよう、心のスポンジはいつもきれいに洗って、しぼっておきましょう。

心こそ素敵な香りを放つように

姿より香りに生きる花もある

容姿の美しさや若さにこだわる、いわゆる〝見た目〟を重視する人がいます。

しかし、「三日見ぬ間の桜かな」と詠《よ》まれるように、花の命は短いもの。容姿は加齢とともに否応なくおとろえていきます。

また、自分では「心は若い」と思っていても、年老いてくるとつい説教じみてきて動くより屁理屈、「最近の若いモンは」と放言したり、「私の若かったころは」と自慢話をしてしまうことが増えてきます。

昭和の時代に流行った秀逸な交通安全標語に、「かっこよさ　心で示せ　暴走族」というものがありました。あなたが周囲に示すことができるのは、その心と言動だけです。残念ながら、容姿や若さなどは一顧だに値しません。

「山椒《さんしょ》は小粒でもぴりりと辛い」「一寸の虫にも五分の魂」など、見た目にとらわれてはいけないと、私たちに気づきを与えてくれる格言はたくさんあります。

仏教では「体は花のように萎《しお》れて散っていくが、心はたなびく香りのようにいつまでも残る」というたとえが、しばしば使われます。

きれいな花もいいですが、心の香りを芳《かぐわ》しくしていきましょう。

責任転嫁よりも反省を

あんたが悪いと
指をさす。
でも三本は
自分を向いていた

不幸を「自業自得」として受け入れるには、相当な覚悟が必要です。そのため、自分の不幸を人のせいにする人がいます。

悪いことをした人の多くは、「私が悪いのではありません。あの人が悪いのです」と誰かを指さして言うでしょう。「あなたが悪い」「あなたのせいで」と不幸の原因を他人に押しつけて、自分の非はけっして認めません。

しかし、全面的に相手が悪いなんてことはまずありません。自分の心に「欲」や「世間知らず」といった落ち度があるかもしれません。そこには〝煩悩の三毒〟と呼ばれる「貪《とん》（むさぼり）・瞋《じん》（いかり）・癡《ち》（おろか）」が関わっており、人を指さした時の中指、薬指、小指が、この三毒のありかを示しています。自分のほうを向いた三本の指が、あなたに反省材料を指し示しているのです。他人のせいにしようと人差し指を誰かに向けたとき、自分に向けられた三本の指を見て反省する心を思い出してください。

どうしても人のせいにしたければ、それ相応の覚悟を持って、すべての指を相手に向けながら「あんたが悪い！」と言ってみたらどうでしょう。

持っている力を取り戻せばいい!

元々あるから、元気、元気、元気

かつて近所に住んでいたアメリカ人の留学生Sさんが、私に面白いことを気づかせてくれました。彼女は次のように言うのです。

「私は日本語の『元気』という言葉が大好きです。英語には『fine』という言葉はあっても、〝元《もと》にある気〟というニュアンスの言葉はないんです」

なるほど、元気は〝元にある気〟です。〝気〟の流れを意識するヨガのインストラクター資格を持つ彼女らしい発想だと思いました。元気はまさに、命そのものが持っている力のようなものでしょう。

元気の出し方は、自然が持っている〝気〟とシンクロさせるために自然の中に身を置いたり、この世に生を受けたことを親やご先祖様に感謝するためにお墓参りをしたりと、人によってさまざまでしょう。

命がある限り、一人ひとりの人間の中に元々ある〝気〟はなくなったりしません。悩んだり落ちこんだり、病気になったりすれば、元気は外に出づらくなりますが、きっと出たがっているに違いありません。大変な時こそ、命そのものに宿る〝元にある気〟を意識して、心にも体にも元気を取り戻しましょう。

欠けた部分を補い合って

ギザギザの歯車だから、かみ合って力が出るのです

人にはどこかしら欠点があるものです。仕事はできるけれど人づきあいが下手、何かやるとどこか抜けているなど、誰しも思い当たることがあるでしょう。

しかし、自分の欠点を卑下しすぎるのも禁物です。

能の『高砂《たかさご》』に松の精として登場する翁《おきな》と媼《おうな》の老夫婦の人形を、結婚のお祝いに贈る習慣があります。「共に白髪の生えるまで」との思いが込められているだけでなく、翁の持つ熊手は福をかき集め、媼が手にする箒《ほうき》は邪気を払うという意味があるそうです。これを踏まえ、ある老僧が結婚披露宴でスピーチをしました。

「旦那さんが熊手で掃き残したものを、奥さんが箒で掃いていくんです。夫婦とはそういうものです」

大きなものを掃くための熊手では細かいものは取りきれず、いわば欠点がありますが、そこを箒が補ってくれます。欠点は「欠けた部分」という意味で、歯車と似ています。歯車は欠けた部分と出ている部分に、また別の歯車がかみ合って回り出します。人と人の関係も、この歯車のようなもの。自分を卑下せず、欠点を補い合える相手を見つければ、物事は歯車のごとくうまく動き始めます。

かけがえのなさに
気づいて、
いとおしさを感じて

三十代半ばの男性と話していると、彼が言いました。

「僕は結婚していて、小さな子どもが二人います。今は仕事が忙しくて家族とゆっくり過ごす時間がありません。家族を守るために仕事をしなければならないのはわかっているので、忙しいのは仕方がないと諦めています。でも、もう少し丁寧な生き方をしたい、と思うようになったのです」

「丁寧に生きる」などと考えたことがなかった私は、ショックを受けました。「丁寧」とは、「注意ぶかく、たいせつにあつかうようす」です。以来、私はどうすれば丁寧に生きられるか、折に触れて考えるようになりました。

その結果たどりついたのが、「かけがえのなさ」と「いとおしさ」。このふたつを感じないと、人は丁寧に生きられないということでした。

「この機会は二度とないかもしれない」「あと何回これができるだろう」と、数多《あまた》ある縁がたまたま揃い今こうしていることに気づけば、いとおしさがわいてきて、このかけがえのないひと時を大切にしようと思うようになります。どんなことでも「丁寧」を心がければ、たとえ一瞬であっても濃密な時を過ごせるのです。

迷惑をかけなければ
何をしてもいいなんて、
そりゃ嘘だ

ある大学の授業で、先生から「室内では帽子をとりなさい」と言われた学生が、「自分のオシャレは誰にも迷惑をかけていません」と反論したという話を聞いたことがあります。

「人の迷惑になることをしてはいけない」と、子どものころから親や周りの大人に言われつづけてきた結果、勝手に拡大解釈をして、「つまり、迷惑をかけなければ何をしてもいい」と考えたのでしょう。

しかし、迷惑かどうか判断するのは相手であって、自分ではありません。

屋外でかぶる帽子を室内でもかぶったまま授業を受けている学生がいること自体、この先生にとっては「マナー違反」という〝迷惑〟を被《こうむ》っているのですから、「誰にも迷惑をかけていない」とはいえません。「それなら、どんなことだって迷惑になり得るのだから、何もできないではないか」と反論したくもなるでしょう。

でも、大切なのは「迷惑かもしれない」と思うことなのです。「迷惑はかけていない」と開きなおるような生き方自体が、他の人にとっての〝迷惑〟になることを知っておきましょう。

足なんか引っぱらずに、手を引けばいいのです

「うらやましい」は、自分もそうなりたいという願望、あこがれを含んでいます。だから、そう思って努力するなら結構。うらやましがるのはいいのです。

ところが、うらやましがっているだけで何も努力をしないと、「うらやましい」が「ねたましい」に変わってしまうことがあります。「ねたましい」には、相手を引きずりおろしてやろうとする気持ちが加わるため、とても陰険です。

仮に引きずりおろしたとしても相手より優位に立てるわけはなく、自分自身は何も変わらぬままです。やるべきなのは自分を高めることであって、人の足を引っぱることではありません。

引きずりおろされた人は、足を引っぱった人を恨みます。姑息《こそく》な手段を用いたならば、周囲からはさげすみの目で見られ、敬遠されるでしょう。もはや四面楚歌《しめんそか》ですが、残念ながらこれも自らが招いた結果なのです。

人をねたむ心はかなり厄介です。あこがれの人物への気持ちに嫉妬が混じっていないか、ときどき自問してみること。そして、人の足を引っぱるくらいの力があるなら、誰かの手を引き、背中を押すためにその力を使いましょう。

まずは人の為に動いてみる

我が為《ため》置いて、人の為。
理屈なんて後回し

人の為と言っておきながら、じつは自分の為だなんてことはよくある話です。横断歩道を渡るお年寄りに手を貸すのは親切心での行動かと思えば、「見ているとイライラしてくるから」という理由だったりすることもあります。

「為」に「人」がつくと「偽」となり、訓読みすれば「いつわり」に。「人＋為」は、人間の作為によって姿を変えることと漢和辞典では説明されています。

「やはり〝人の為〟はいつわりだ。いくら人の為と思って何かをしても、結局はそうすることで自分が満足するのだから、しょせん偽善だ。それなら、人の為にやろうなどと思わないほうがいい」と、妙な解釈をする困った人もいます。しかし、自分の利益を考えず人の為を思って行うことは、何はともあれ素晴らしいことです。仏教で他人を利する「利行《りぎょう》」は、人が備えるべき徳目のひとつです。

伝教大師・最澄《さいちょう》さんの「忘己利他《もうこりた》（己を忘れて他を利する）」という言葉は、自分のことは後にしてまず人が喜ぶことをするのが仏の心で、そこに幸せがある、という教えです。「人＋為」で「偽り」と読みはしますが、だからといって何もしない人よりは、人の為に行動できる人のほうがずっと素敵です。

その日を感謝で振り返ろう

今日一日、
してもらったことの
多いこと、多いこと

夜になって一日を振り返り、「今日は面白いことが何もなかった」「疲れた」「毎日が同じ一日だ」と、萎《しお》れた花のように肩を落としてつぶやく人がいます。

面白いことがなかったのではなく、面白いことに気づかなかっただけでしょう。ただ疲れただけですか？　その代償に仕事が進んでいるでしょう。「今日」という日は誰にとっても生まれて初めての日ですから、昨日と同じではないはずです。そういったことに気づけないのなら、せめて一日のうちで自分が「してもらったこと」を思い返してみてください。

電気を使えるのは、電力会社で働いている人たちのおかげです。電車を利用すれば、運転士や車両整備士、運行管理員などにお世話になります。また、食べ物はたくさんの人の手を経て、あなたの口に入ります。

このように誰かに「してもらったこと」を考えてみると、感謝が自然とわいてきて、あたたかな気持ちで布団に入れます。

「朝に合掌《がっしょう》、夕べに感謝」は、日々を心豊かに暮らすための極意です。夜に感謝して眠りにつけば、翌朝は気持ちよく目を覚ますことができます。

おうちでできるかんたん瞑想

瞑想《めいそう》のいいところは、忘我《ぼうが》の境地になれることでしょう。「私の考え」「私の悩み」「私の都合」などの「私」がとれて、主を失った「考え」「悩み」「都合」はどこかへ行ってしまいます。それまで自分を縛っていたものを、どうでもいい、たいした問題ではないと達観する感覚をつかめるのです。

おうちでも手軽にできる瞑想法があります。まず、床や椅子に座り首がちゃんと背骨の上にのっているかをチェックします。それができたら、体を左右、前後に揺らしてバランスがとれる位置で止めます。ここまでが準備段階です。

そこからゆっくり深呼吸します。視線は約1メートル前方の床へ。この時、ゆ～っくりと数を数えます。十回ほど数えるだけでも非日常の感覚があなたを包みます。時間があれば自分の年齢くらいの回数を数えるといいかもしれません。この瞑想法は「数息観《すそくかん》」として伝えられています。

椅子でもバスタブでも、街中のベンチでもできます。数分間の「私」がとれた非日常の感覚は、目を開けて日常に戻った後も破片となって心に残ります。

第二章

こんな時、仏さまならどうするだろう

ちょっとずつ自分を磨くために

迷惑かどうかは
相手が決める。
幸せかどうかは
自分が決める

「人様に迷惑をかけぬように」

母から耳にタコができるほど聞かされたこの言葉が呪縛となり、人の思いに過敏になった私は、他から見ればおとなしく、奥ゆかしい子どもに育ちました。思春期も常に「人の迷惑にならないように」と心がけていた気がします。

三十代になると、迷惑だと思うかどうかはこちらが決める問題ではなく、相手次第であることに気づきました。迷惑をかけたと思っても、相手は「ぜんぜん」とあっけらかんとしている場合もあるし、よかれと思ってしたことが「迷惑だった」と、後になって第三者を介して耳にすることもあります。こうして私は、過度に「迷惑」を気にしなくてもいいのだと気づきました。

これに対して「幸せ」は逆です。幸せかどうかは自分が決めることであって、「あなたは幸せだ」と他人が決めていいことではありません。人にそう言われて、「自分の幸せ観を押しつけるな」と腹を立てる人もいるので要注意です（これも私の経験則です）。なかには自分が幸せなことに気づいていない人もいますが、基本的に本人の問題なのです。いろいろなことが学べて、人生って愉快ですね。

人のふり見て我がふり直せ

あなたの周りは自分磨きの材料だらけ

「他山の石」（他人の言動を反省の材料とすること）として気づきが得られる、地獄の大王であるえんまさまと悪人の、あるやりとりをお話ししましょう。

極悪非道の限りを尽くした人間を前にして、えんまさまが言いました。

「お前が悪事をせぬよう、せっかく三人の使者を送ったのに、情けない奴だ」

「三人の使者？　何のことでございます？」

「私は第一の使者として〝老人〟を送ったのだ。お前はなぜ、『年をとる前によいことをしておこう』と思わなかった？　第二の使者は〝病人〟だ。『健康なうちに人の役に立つことをしておこう』と、お前に思わせるために送ったのだ。そして、第三の使者が〝死人〟だ。お前は葬式を見ても、『自分もいつか死ぬのだから、生きているうちによいことをしよう』と思わなかったのだろうな」

「さすが、えんまさまだ。よくわかりますね」

「愚か者め。お前のような奴は、地獄行きだ」

老・病・死、私たちの周りには自分を磨くための材料がたくさんあります。他人の過ちもそのひとつ。自らを振り返り、自分を磨いていこうではありませんか。

「要は…」「結局は…」
なんて言ったら、
途中の話が御破算になって
しまうでしょ

「要するに何が言いたいの？」「結局、こういうことですよね」と、すぐに話をまとめたがる人がいます。その人の性格というよりは、ログセのようなものでしょう。「要は」「結局は」と話を要約しても、誰も「あの人は頭がいい」とは思いません。それどころか「強引」で「偉そう」な印象を持たれるだけで、ただの〝ツマラナイ人〟と思われるのが関の山です。効率よく進めることが求められる会議などはさておき、日常会話ではあまり使わないほうがいいでしょう。

たとえば、「要は、食事はお腹が一杯になるかどうかだよ」と言われたら、どうでしょうか？　おいしい料理のアイデアを練り、腕によりをかけて作る気になりません。どう作るか、何がどうおいしいのかなど、食事をとりまく話題や途中の経過が楽しいのですから、「要は」も「結局は」も不要なのです。

「人は結局、死んでしまうから」とおっしゃる方にどう対応したらいいのか、私は未だにわかりません。「死んでしまうから」の〝先〟が大切なのに、それを突然打ち切ってしまうのが「結局は」です。言われたほうは途方にくれます。なんでもない会話の〝途中〟を楽しみ、〝先〟を考えられる心の余裕を持ちましょう。

どれだけむさぼっても心は満たされぬもの

まだ食べる、まだ欲しがる、
おまけにネットをむさぼり歩く、
止まらぬ欲にいつ満足する？

スマホ片手に、「食べ放題」「飲み放題」で話題の店を探しては出向き、支払う代金の倍ほども飲み食いするのが当然とばかりに、胃袋につめ込む人はいませんか。食事もお酒もむさぼり尽くし、はち切れそうなお腹で「得をした」つもりになっている。そんな人に、お釈迦さまは困り顔で言うでしょう。

「ガツガツと食す様子はまるで飢えた虎、ガブガブと飲む姿はウワバミ（大蛇）のようですね。そのくせ食べ過ぎた、太ったなどと嘆くのだから、開いた口がふさがりませんよ」

お釈迦さまは「『飲食《おんじき》』は飢えをしのぎ体力を保持するため、薬を服するがごとく取れ」とおっしゃいました。それを知らず、ひたすら食べ物や飲み物をむさぼり、インターネットでもっといい店、もっと安く飲み食いできる店はないかと、情報までもむさぼり歩く姿は、もはや亡者です。

どれだけむさぼっても心は満たされないのだから、次々にわいてくる〝欲〟を野放しにせず、愚かな執着は捨てることです。〝欲〟を減らし、今の状態に満足し、「足るを知る」ことを学ぶ。それこそが、心ゆたかに暮らす知恵なのです。

世界は自分のものと思ってみれば…

惜しや欲しやと
思わぬ故に、
今は世界が我がものに

ある強欲な亡者がお釈迦さまに、こう聞かれました。

「生きている間、なぜあれほど多くの物を欲しがったのだ？」

「生きていれば、いろいろな物が欲しくなるのは当たり前ではありませんか」

「当たり前か？」

「そうですとも。では、お釈迦さまは欲しい物がないのでございますか？」

「私に欲しい物などない。すべて持っているからだ」

「なんだ。お釈迦さまだって物が欲しいから、手に入れたのではないですか」

「手に入れた？　世の中のすべての物は、もともと私の物なのだ。それを一時的にいろいろな人間に貸してやっているだけ。そう考えれば、欲しい物などなくなるのだ」

「ええ？　それじゃ嘘じゃないですか。お釈迦さまが嘘をついちゃズルイや」

「お前もそう考えておれば、人から欲張りだと笑われずに済んだものを、心安楽に暮らせたものを……惜しいことをしたのお」

亡者は、三悪道《さんあくどう》に転生と相なりました。

できないことをするのが「練習」というものです

歩く動作は、前に倒れる動きを連続して行っているのだそうです。つかまり立ちしていた赤ちゃんが手を放して、一歩踏みだす時、赤ちゃんはきっと倒れることを覚悟しているのです。倒れることを恐れない、いわば、勇気の固まりがおむつをして歩き始めたようなものです。

逆上がりや水泳のバタ足、かけ算・わり算、好きな人への告白……。私たちは、自分のできないことを次から次へとクリアしてきました。

このように、できないことをするのが「練習」です。

また、すでにできていることでも、「できることを持続させる」という新しいチャレンジになるので、これもやはり「練習」なのです。

安定志向の人は、新しいことにチャレンジしようとしない傾向があります。しかし、赤ちゃんの時からできないことを練習しつづけ、徐々にできることを増やしてきた私たちは、今や〝練習の達人〟です。やったことがないのだから、できないのは当たり前。だから練習するのです。新しいこと（悪いこと以外）は何だって、練習のつもりでチャレンジしてみましょう。

こんな時、仏さまなら どうするだろう

平安時代、空海（弘法大師）が日本に伝えた密教では、とても面白い考え方をします。それは「仏さまの真似をしてごらんなさい。真似ることができた時、あなたは仏だ」という教えで、「こんな時、仏さまならどうするだろう（身）、どう言うだろう（口）、どう考えるだろう（意）」と考えて、仏さまを真似てみるようにと説いています。悟りに到達するためだけでなく、私たちの日常にも活かすことのできる行いです。

仏さまの真似でなくてもかまいません。あなたがあこがれる素敵な人がいるなら、その人の真似をすればいいのです。真似ている間、あなたは「素敵な人」になっています。少なくとも、「素敵な人」に近づくことができるはずです。

これに似た考え方で、中国には「刻鵠類鶩《こくこくるいぼく》」という言葉があります。「鵠《くぐい》」は大型の白鳥のことで、鵠の像を彫ろうとすれば「鶩《あひる》」くらいにはなる、という意味です。白鳥をイメージしたなら、間違っても「大熊猫《パンダ》」にはならないでしょう。

空海も「あなたの体と心を材料にして、仏を彫ってごらんなさい」と勧めています。一日三分だけでもいいので、あなたも試してみませんか。

心の余裕で自分の都合は後回しに

「お先にどうぞ」って いつ言いました？

小学校で保護者を対象にした講演会を行った時のことです。

「ここ一か月くらいで『お先にどうぞ』って、何回言いましたか？」と尋ねると、八割ほどの人が目を大きく見開きました。どうも、あまり言っていないようです。

私たちの日常は常に、自分の都合と他人の都合のぶつかり合いです。

たとえば横断歩道では、「早く渡りたい」という歩行者の都合と、「赤信号に引っかかることなく通過したい」という車の運転手の都合が、互いにぶつかり合っています。買い物の際、レジに人が並んでいれば、「早く会計を済ませたい」大勢の人たちの都合が、そこここでぶつかり合っている状態です。自分一人の都合が優先されることは、ほとんどありません。そのたびにチェッ、と舌打ちしても、雀の鳴き真似をしているように見えるだけです。

「お先にどうぞ」のひと言は、「あなたの都合を優先していいですよ」という心の余裕が生み出すものです。この言葉を言えない人は、心に余裕がないのです。

せめて一日に一度は、「お先にどうぞ」と人に譲る。「あなたの都合のいいように」と思って他人を優先する。そのくらいの心の余裕を持ちたいものですね。

正論だけでは心に響かない

百パーセント正しいことは、まず役に立たない

安定志向で真面目な人は、百パーセント正しいことを言うのが大好きですよね。

「今宿題をやらないと、後が大変だよ」「早く寝ないと、朝起きられないよ」「お酒を飲み過ぎると、いずれ体をこわすよ」などは、確かに疑う余地のない百パーセント正しい事実です。

正しいことを言うだけあって、そういう人は言行不一致ではなく、やるべきことはしっかりとやっているので、言われたほうは反論できません。

しかし、ひとつ残念なことがあります。それは、「宿題をしたくない」「まだ寝たくない」「もっとお酒が飲みたい」という相手の心情をわかろうとしない点です。こうした気持ちを理解せず頭ごなしに正論をぶつけ、さらに「あなたのために言っているのに」と追い打ちをかければ、言われたほうは一方的に価値観を押しつけられたと感じて、イソギンチャクのように心を閉ざしてしまいます。

「宿題以外にやりたいことがあるんだね」「まだ起きていたいよね」「飲みたいのはわかるよ」と、共感を示す簡単な言葉を最初に伝えてみてください。そうすれば、相手は心を閉ざさずにあなたの話に耳を傾けてくれるはずです。

ヤドカリの大きさは、背負っている貝の大きさではない

蟹が自らの甲羅の大きさに合わせて穴を掘る一方で、ヤドカリは自分の体よりも大きな巻貝の殻を棲家《すみか》にすることがあるそうです。ゆとりがあって居心地がいいのか、あるいは他のヤドカリに対して虚勢を張っているのかもしれません。

私たち人間も、時に分不相応な大きな力に頼って、自分を実際以上に大きく見せようとすることがあります。「虎の威を借る狐」「寄らば大樹の陰」「(威光を)笠に着る」など、自分より大きなものや権威あるものに身を寄せ、その恩恵にあずかることを意味する言葉はたくさんあります。それで安心していたのでは、ヤドカリのように中身に関係なく、借りものの貝の大きさを自慢するのと変わりません。誰かの威光にすがったままでは、自分本来の素晴らしさに気づかず、それを磨こうともしないでしょう。堂々と人生を歩いていくのに不可欠な自信も身につきません。「まずはおのれの中身」です。

「分けても減らない心の遺産。あとは三代食いつぶし」という、私の好きな言葉があります。財産・地位・名誉・家柄などは、いつなくなるかわからない〝飾り〟のようなもの。そんなものに頼らなくてもいいように心を磨いていきましょう。

過去を引きずり
「今ここ」で生きることを忘れ
無常さえわからぬ愚かさよ

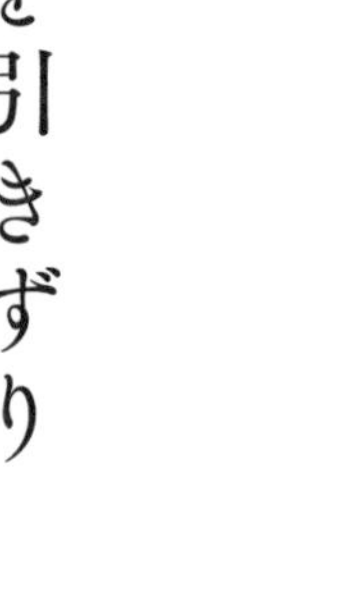

いつまでも若くきれいなままでいたい、と諸行無常の道理を受け入れようとしない。過去の栄光にひたって自慢話ばかりして、〝今〟を生きようとしない。これらは心の中にある無知や愚かさが引き起こす症状です。

人は年相応の〝素顔〟が素敵なのです。それがわからずにいると、『遠目よければ地肌の悪さ、年増化粧と富士の山』と陰で笑われてしまうかもしれません。

お釈迦さまは「嘘や偽りがないものは素晴らしい」と説かれました。この世に生まれ、年をとり、病気になり、死を迎える人生に嘘や偽りはありません。だからこそ、人生はまるごと素晴らしいのです。それがわからずに今、ありのままの姿を小手先で誤魔化《ごまか》そうとするなど、愚の骨頂にほかなりません。

過去の業績や栄光を今も声高《こわだか》に叫んでいる人は、「それで、今はどうなの？」と尋ねられたら、一体どう答えるのでしょうか？　「過去」という牢獄に自らを繋ぎ、いつまでもそこから出ようとしないのは愚か者のすること。牢獄の鍵はいつも開いているのですから、そこから出て〝今〟を生きようとしなければ、いつだって「現在進行形」である人生を生きている意味がないのですよ。

ホラ、それも今一緒にやれるでしょ！

ついでに何かやってみる

「お菓子をいただいたから、本尊さまにさしあげてきて」と父に言われ、高校生だった私はお菓子を手に本堂へ向かいました。仏さまにお供えしてチーンとおリンを鳴らし、庫裏《くり》に戻る際住職室の前を通ると、障子越しに父が言いました。

「お前、本尊さまの前のお花を下げたか？」

「いや、だってお供物をあげてって言ったでしょ。花のことは言われてないよ」

「言われたことだけやって戻ってきたのか。花が『萎《しお》れかかっているから下げてください』ってお願いしている声が聞こえなかったのか？」

「はっ？　花が話すなんて、洒落《しゃれ》にしてもあまりうまい出来じゃないよ」

もっと周りのことに気づける感性を持て、と父は言いたかったのでしょう。

あれから四十年。ひとつ何かをする時に、「ついでに」やれることがないかを探すようになりました。荷物を届けた運送トラックが、帰りに別の荷物を載せて戻るようなものです。ふたつのことを別々にやるのではなく、ひとつやった「ついでに」別のこともすれば、時間を節約できて、労力も減らすことができます。

時間の限られた人生の中で、できることを倍にする方法が「ついで」なのです。

無意識の思い上がりに気をつけよう

「私ってバカみたい…」は、たいへんな思い上がりですよ

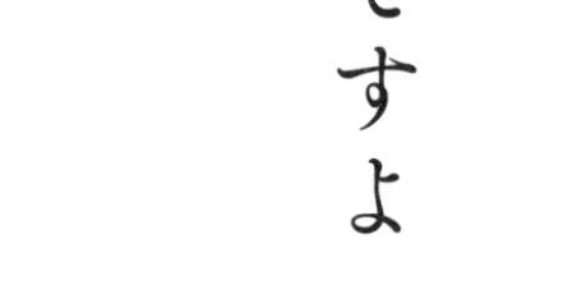

最初にお断りしておきますが、ここで言う「バカ」とは、憎めない失敗をしてしまう人のことで、関西で言われる「アホ」と同じくらいの軽い意味です。

さて、ある日のこと。「こんな失敗をするなんて、我ながらバカみたいだ」と、私が自分の失態を口にすると、隣にいた人に『「みたい」じゃないでしょ』と言われて、ギャフンとなったことがあります。

「機械みたいに正確」「ウソみたいな話」などのように、「〜みたい」はあるものに似てはいるけれど、「そのものではない」ことを意味します。ですから、「私ってバカみたい」と言う人は、本心では自分をバカだとは思っていないのです。ただ、実際には失敗しているので、堂々たる「バカ」でいいのです。

「バカみたい」と言ってしまうと、自分がバカなはずはない、と思い上がっていることになってしまいますから、ほとほといやになるような失敗をしでかした時は、「私ってバカだなぁ」と正直に言えばいいのです。

仏教では、「本当の自心を知ること」が悟りである、とする考え方があります。「〜みたい」の使い方ひとつとっても、自分の心を知る手がかりになりますね。

周りに牙をむいてばかりでは
必ず自分に返ってきますよ

「怒り」は、心おだやかな悟りの境地とは正反対の状態にあります。

電車に乗ろうとして目の前でドアが閉まればチェッと舌打ちし、交通渋滞に巻き込まれれば「ざけんなヨ」と悪態をつく。相手が自分のいうことを聞かないからといってキレそうになる。怒りの矛先《ほこさき》はどこにでも向けることができますが、怒りを野放しにしていると、あなたの周りは修羅場と化すでしょう。そうならないようにと、お釈迦さまは私たちを厳しく戒《いまし》めてくださいます。

「世の中は自分の思いどおりにはならぬもの。その道理もわきまえず、意に反することに対して瞬間湯沸かし器のようにすぐ怒りを点火させてはなりません」

「怒りの感情は己の内からわき出て心を支配するもの。怒りをコントロールしようとせずに、『私だって怒りたくないのに、怒らせるほうが悪い』と人のせいにしてはいけません」

「牙をむき眉間にシワを寄せて怒るのは、自分の心が狭いことを公言するようなもの。そう心得て怒りをコントロールし、寛容な心を身につけよ」

怒りは必ず自分に返ってくるので、どうか身を滅ぼすことのないように。

愚か者にはすでに罰が当たっている！

罰は当たらない。
自分から
当たりにいっているのです

境内の仏さまに供えられたお賽銭《さいせん》を毎日、盗みにくる初老の男性がいます。どうも近隣の神社やお寺のお賽銭も「回収」しているようで、近所では有名人です。

ある時、檀家の奥さんが小銭を手にして玄関に入ってきました。

「住職、あの人の姿が見えたから、先にお賽銭を下げてきましたよ」

私がお礼を言うと、つづけて「あんなことをしていたら、きっと仏さまの罰が当たりますよ」と、怒りながらおっしゃいます。

じつは、仏さまは私たちに罰を当てるようなことはしません。そんな心の狭い仏さまはいないのです。そこで私は、彼女に言いました。

「お賽銭を供える人の気持ちもわからずにそれを盗み、多くの人から軽蔑されているのですから、彼にはすでに罰が当たっているんですよ」

罰が当たらない生き方とは、死んであの世へ行った際、先祖たちに「私はこんなことをしてきました」と、堂々と報告できる生き方でしょう。賽銭泥棒をするなんて、人は死んだらオワリと思っているのでしょうか、自分で罰に当たりにいっているようなものです。彼が早くそのことに気づいてくれるといいんですが。

〝時〟は人を待ってはくれない

今がその時、あなたがその人

二〇一一年に東日本大震災が起きた時、多くの人が居ても立ってもいられず、「被災者のため、被災地のために何かできないか」と考えました。自分に何ができるか見極めようと、ヤキモキして過ごした私のような人などさまざまです。被災地の状況は刻々と変わり、救援の方法や求められる支援も変わっていきます。となると、自分がいつ何をすべきかがますますわからなくなってきます。しかし、「できるようになったらやろう」では、時すでに遅し、です。

「そのうちに」と躊躇《ちゅうちょ》したり、「もう誰かがやっているかも」と気後れしたりした時に、思い出してもらいたい言葉があります。

それが「今がその時、あなたがその人」です。

今思いきって決断しなければ、永遠に「その時」も「自分の出番」もないかもしれません。世の中の多くのことが「時と人」を待って動き出しますが、「時」は人を待ってはくれないのです。「誰かがやるだろう」と思っても、自分が動かなければ心は晴れません。何も緊急事態に限ったことではないでしょう。事を動かすキーマンは、いつだって〝あなた〟なのです。

はじめのい〜っぽ！

日本各地にある「〇〇不動」という名前のお寺やお堂には、不動明王が祀《まつ》られています。きっと、あなたの家の近くにもあるでしょう。

この仏さまは「心を〝不動〟にしないと動けない」という、人間の行動原理を説いていると私は思っています。

私たちは何事も、「こうしよう」と決めないと動き出すことができません。起きよう、食べよう、寝ようと決めるから、行動に移せるのです。

逆に、どうしようかと迷っている間は動くことができません。

そんな時、私はお不動さまに手を合わせることにしています。合掌したまま、その場でしばらくじっとしていると、「よし、やろう」と心が決まります。手を合わせることで、私の心の中にある〝決める勇気〟にスイッチが入るのです。

もちろん「今はやめておこう」というほうに決まることもありますが、迷っている状態から一歩、前に踏み出していることに変わりありません。「ダルマさんが転んだ」だって、「はじめのい−っぽ」から動き始めますよね。

迷った時は〝決める勇気〟を持って、まずはじめの一歩を踏み出しましょう。

あきず、あせらず、あきらめず

若いうちは「私にはこれがある」といえるもの欲しさに、さまざまなことに取り組みます。でも、もしそれがしっくりこなければ、すぐに飽きて見切りをつける。そうしないと次に〝自分に合いそうなもの〟に取りかかれない、という焦りがあるのでしょう。ところが、自分に合ったものなどなかなか見つからないもので、「これもやめた」と諦めてしまうことも多くなってきます。

こうして生きてきた私は、「せめて五十歳を過ぎたらゆったりしたい」と思い、「あきず、あせらず、あきらめず」という語呂がいい言葉を作りました。

これをカレンダーの裏面の白紙に書いてお寺の掲示板に貼ったところ、「あの貼り紙、いただけませんか？」と、たまたま前を通りかかったという女性にお願いされました。その方のお父さまがリハビリをなさっているそうで、「父は早く治したいと焦っていまして。でも、単調な動作のくり返しにすぐ飽きてしまい、『もういい』と早々に諦めてしまうのです」とのこと。

彼女のおかげで、この言葉が奇しくも〝人生のリハビリ〟にも役立つことに気づいたのでした。

心を整える、写経のススメ

印刷技術が発達していなかった時代、写経は仏教の教えを広める手段でした。そのため中国には写経を専門とする経師《きょうじ》と呼ばれる人たちがいました。日本にもその集団がいて、今でも、障子や襖《ふすま》を張る〝経師屋〟にその名残りをとどめています。

現代では写経は布教のためというより、心静かな時間を持てる、ひとつのことに集中できる、仏教の教えに触れられる、字がうまくなる、認知症予防になるなど、さまざまな効果があるとされ、親しまれています。宗派によって写すお経は異なりますが、書店や文具店で手軽に入手できるのは二百七十字ほどの『般若心経』でしょう。墨を磨って小筆で書いてもいいですし、筆ペン、ボールペン、鉛筆の他、筆記具はどんなものでもかまいません。間違ったらその字を二本線で消して、正しい字をその行の上か下の余白に書けばＯＫです。

書き終わった写経は縁のあるお寺に納めるか、親しい方が亡くなった時に遺族の了解を得て柩《ひつぎ》に収めたり、自分の柩に納めてもらうのもいいでしょう。

第三章

心配しないで、心を配る

人間関係で心を乱さないために

「まさか」という坂を
越えるには、
「おかげ」という影を
追いかける

三十歳を過ぎたあたりから数年に一度、「えっ！　まさか」という出来事に遭遇します。元気だと思っていた方が突然、亡くなるのです。

〝人のこの世は長くして　変わらぬ春と思えども　はかなき夢となりにけり〟

これは日本を代表するレクイエムのひとつ、「追弔和讃《ついちょうわさん》」（真言宗のご詠歌）の一節です。自分の心の一部分だった方がこの世からいなくなってしまい、まるでジグソーパズルの一ピースがなくなったような気がして、〝自分〟という絵柄が不完全になり、心が不安定になります。親しい人の死によって、過酷な諸行無常の道理を痛感することでしょう。

そんな時は、亡き人の「おかげ」を再確認してみてください。生前心を通わせた方からは、見えない形でさまざまな恩恵をいただいています。あの人のおかげで、こんなことがわかった。あの人のおかげで、こんな自分になれた。そう思い出すことで、欠けてしまった心の一部が埋まっていきます。悲報に接した時の「まさか」という坂を前にすると越えられないように感じますが、「おかげ」という影を追うことで感謝することができ、坂を越え自らの人生を歩いていけるのです。

みんなに好かれる人よりも、〝みんなを好きになれる人〟を目指しましょう

赤ちゃんを生んだ母親が「神さまどうか、この子が誰からも好かれますように」と祈りを捧げました。神はその願いを聞き届けましたが、その子は何をしても人に好かれるためわがままに育ち、どんどん傲慢になっていきます。

そんなわが子の態度を見かねた母親は「あの時の私の願いが間違っておりました」と、再び神に祈ります。「どうか、この子が誰をも好きになれますように」。

実際にはどんなに素敵な人であっても、その人のことを悪くいったり、ねたんだり、足を引っぱったりする人がいるものです。誰からも好かれるなんてありえないのです。

一方で、生きやすさを求めて人にへつらい、媚《こび》を売り、その場しのぎの対応をする人がいます。自分のことを好きになるかどうかは相手次第。「好きになってもらおう」とするのは膨大な労力と手間がかかるだけです。それに、人に好かれることばかり考えていたのでは、いつまでたっても自立できません。

その点、「人を好きになる」ことは自分の意識ひとつでできるのです。好きな人が周りにたくさんいるのは、とても素敵なことですよね。

意見は〝私のもの〟として言うべし

「みんな言ってる」の〝みんな〟は多くても三人さ

何かを疑うことは心に波風を立たせますから、煩悩のひとつです。でも疑ってみて初めて本当のことがわかり、逆に心がおだやかになることもあります。

たとえば、「みんな、あなたをひどい人だと言ってますよ」と非難されてひどく落ち込むようなら、〝みんな〟とはいったいどこの誰で、何人がそう言っているのかを疑ってみるのです。おそらく〝みんな〟は多くても三人、下手をすると一人。だったら気にしなくていいのです。

問題なのは「みんな言ってる」と非難する側のほうです。「私だけが言ってるのではなくて、みんながそう言ってるんだ」と、人の意見に乗っかってものを言うのは褒められたものではありません。また、非難された人が「みんなって誰!?」「誰が言ってるの!?」と怒り出した時に、「私ではなく別の人が……」と責任逃れをするかのように〝みんな〟を持ち出す卑怯な言い方もいただけません。

意見は「私はこう思います」と、はっきり〝私〟を主語にして言うべきです。そう言えないのなら、〝みんな〟を主語にして人を非難するようなことは、おやめになったほうがいいですよ。

必要なら人が
責めてくれるから、
そんなに自分を
責めなくてもよい

何かしてはいけないことをしてしまった時に、自分をどこまで責めるかは、悪い影響がどこまで及び、それがいつまでつづくかによるものです。

池に石を投げ入れれば水面に波紋が生じるように、どこの誰に迷惑が及んでしまうのか、悪い影響がどこまで広がっていくのか見当もつかなければ、自分を責める度合いは一層強くなるでしょう。

ところが、あなたがどんなに自分を責めたところで、してしまったことは取り返しがつきません。その時に自分ができることは限られています。

まず「ごめんなさい」と素直に謝ること。そして、「以後気をつけます」と宣言すること。さらに、汚名返上、名誉挽回のためにも、次のチャンスに活かすことです。

真面目な人ほど必要以上に自分を責めます。しかし、人はそれほど他人に関心を持ってはいません。

自分にやれることをやって、もし足りないところがあれば他の人が責めてくれるでしょう。あとは周囲の反応を待てばいいのです。

目線の高いうぬぼれ屋
「自分はエラいしすぐれている」
その根拠はどこにある⁉

多くの人の助けがあって今の自分があるのに、その〝おかげ〟を忘れ、自分は誰よりも偉いと威張って他人を見下す人。さまざまな意見があるのに、自分が一番正しいと思い込んで、他人をないがしろにする人。これは、思い上がりという煩悩が成長してしまった証拠です。

「自分は他の人よりもすぐれている」とうぬぼれ、他人と比べてしか生きられない、人より上でないと安心できない、というのは何と憐れなことでしょう。もし無人島に送られたなら、誰もいない世界の真ん中で一人虚しく、「私が一番正しくて偉いんだ！」と叫んでいるようなもの。そして、誰とも比べることができないなかで、いずれ本当の生き甲斐とは何かを知ることになるのです。

人は誰でも自分のやり方で生きるもの。でも自分とは別のやり方をする人をないがしろにすれば、あなたに寄り添ってくれる人も、助けてくれる人もいなくなってしまいます。その時になって「ごめんなさい」と謝っても、後の祭りです。

〝おかげ〟を思い出し、謙虚さを学ぶと、思っているよりもずっと気持ちがいいことに気づくでしょう。

謙虚さを失わぬように

実るほど
頭《こうべ》を垂れる稲穂かな
育つほど
土に手をつく柳かな

本当に「偉い」かどうかは別にして、ふんぞりかえって偉そうにしている人はどこにでもいるものです。そんな人は、「頭を垂れる稲穂」とは正反対だと揶揄《やゆ》されることがあります。

「実るほど頭を垂れる稲穂かな」。偉くなった時の戒《いまし》めとされることわざをヒントに、私は「偉い人が威張っちゃ、洒落《しゃれ》になりません」という言葉を作りました。偉い人が威張れるのは当たり前なのですから、その力を当然のように行使しているようではまだまだだ、という警句です。つい威張りたくなってしまうのもまた煩悩なのです。

ある時、昭和初期の講談の本を読んでいると、「実るほど……」と並んで「育つほど土に手をつく柳かな」と出ていました。東京育ちの私にとっては稲穂よりも、近所に生えた柳のほうがずっと身近なもので、以来、秋の稲穂と新緑から夏にかけて伸びる柳の枝に、謙虚さが足りぬ自分を重ねてみるようになりました。

「育つほど土に手をつく柳かな」。この言葉を胸に納め、「手をついて頭を下げる謙虚な気持ち」を忘れないようにしてみてはいかがでしょう。

何事も〝おかげさま〟への恩返し

万恩に生かさるる
身の百恩を知る。
せめて一恩を報ぜん

久しぶりに会った人に「元気そうですね」と声をかけられれば、「おかげさまで」と答えるでしょう。なぜ、「おかげさまで」と言うのでしょうか？

元気でいられるのは何のご縁かはわかりませんが、人様の〝おかげ〟は幾万にものぼります。自分を育ててくれた親、勉強を教えてくれた先生、仲良くしてくれた友人など、「おかげさまで」と言える身近な人を数えてみれば、すぐに百には届くでしょう。このことに気づけば、多くの人に感謝する日々を過ごせます。

「ありがたい」と自然に口にする方で不幸な人を、私は知りません。しかし、「ありがたい」と言って〝おかげ〟を享受しているばかりでは、まるで「やらずぶったくり」。せめて、そのうちのひとつでも恩返しをしたいものです。

ご恩をいただいた本人に直接、恩返しをしなくてもいいのです。町中のゴミ拾いや登下校中の子どもたちの見守りなど、できることから始めればいいのです。こう考えてみると、恩返しの方法はたくさんありますよね。

「何事も恩返し」と思えば、力まずにいろいろなことに取り組めるようになりますよ。

感謝への気づきでグチも封印！

怒りっぽい人は「おかげさま」を言わない

「最近気づいたんだけど、怒りっぽい人って『おかげさま』って言わないよね」

これは、私が敬愛するお坊さんがおっしゃったひと言です。当時、その方が六十代半ばになって気づいたことを、十歳年下の私に伝えてくれてありがたく思いました。おそらく私はそのことに自分では気づけなかったでしょう。

このひと言を、不平ばかり口にし、腹を立てている人に伝えることがあります。「いつも不平不満ばかりですね」と批判するような言い方をすると、「だって実際にそうでしょ！」とまた怒らせてしまうことが多いからです。そこで、冒頭の言葉を伝えると「私だって、感謝していることはたくさんありますよ」と言うのです。私はこれで十分満足。その後は不平不満を言わなくなります。「そういえば『おかげさま』って言っていないな」と自分で気づくのでしょう。このひと言は、相手を批判した場合とは比べ物にならないほど絶大な効果があるのです。

「おかげさま」と感謝できる人は幸せです。みなさんに幸せになってもらいたい、と願うお坊さんが何度も「おかげさま」の話をするのは、あなたの幸せのためなのです。

ポキンと折れる前に気づくべし

鼻高々の天狗のお面、裏から見たら穴だらけ

「鼻が高い」とは、得意になり誇りに思うこと。「親として鼻が高い」などと使われるように、さほど悪い意味ではありません。しかし、「エッヘン！」と嘘の咳払いをしてふんぞりかえるようになると、「（鼻が高い）天狗になっている」と周囲に煙たがられてしまいます。自慢するたびに、天狗の鼻は伸びていくのです。

自信が持てるようになったのは確かに本人の努力のたまものです。しかし人は誰しも陰でたくさんの人に助言をもらい、助けてもらい、迷惑をかけながら立派に成長していくものです。こうして裏では支えてもらっていることに気づかぬ様を「お面の裏側の穴」だとして、古人は皮肉たっぷりに「鼻高々の天狗のお面、裏から見たら穴だらけ」と言いました。

裏側にある多くの〝おかげ〟に気づかなければ、ますます鼻は高くなり、謙虚さもなくなってくると、陰で「偉そうに……」と言われるようになってしまいます。こうなると、高くなった鼻が根元からポキンと折れる日も遠くありません。

「知らぬは天狗ばかりなり」です。心当たりがある人は、天狗のお面を飾って戒《いまし》めにするといいでしょう。

周りを信じないで自分を信じられるものか

右も左も疑って
進む道さえ疑心暗鬼。
明日の希望も見えやしない

「マジ？」「うっそー！」「信じられない」が口癖の人が、知らず知らずのうちに抱えこんでいるのが「疑う心」です。人を疑い、世の中を疑い、真理を疑い……、やがて自分さえ信じられなくなるでしょう。

仏教でいうところの煩悩のひとつに「疑《ぎ》」があります。狭義では「仏教の教えを疑う」という意味ですが、日ごろから猜疑心《さいぎしん》が強いというのは困りものです。「疑心は暗鬼を生じる」とはもっともで、疑う心があると常に不安でなりません。

素直に信じられないというのは悲しいことです。そうなったのも、何度も人に裏切られたからでしょうか。あるいは、「人を見たら泥棒と思え」「正直者はバカを見る」といった警句を信条としているのだとしたら、愚かなことです。

「何か裏があるに違いない」と疑えば、人の誠意を受けとることも返すこともできずに、そのうちひとりぼっちになってしまいます。また、何かやろうとしても、「本当に大丈夫だろうか？」という疑いの心が先に立てば、動き出すこともままならなくなります。そんな「疑」を抱え込まないように、「マジ？」「うっそー！」「信じられな～い」と、軽々しく言うのはやめましょう。

恩知らずは人の恥！

日の出を拝む人あれど、入り日を見送る人はない

あなたがこれまでにお世話になった人は大勢いるでしょう。親はもとより親戚、恩師、先輩、上司など年上の人。友だちや同僚の他にも、夢を与えてくれたあこがれの歌手や俳優、スポーツ選手などの有名人、いずれも陰となり日向となって、あなたの人生を支えてくれた人たちです。

ところが、日々の生活や時間に追われ、自分のことで手一杯になると、世話になったご恩を忘れがちになります。ついには訃報に接した折に、「あの人、まだ生きていたの？」などと恩知らずなことを言う人までもいます。権力やお金がある人にたかってはさまざまな恩恵を受けたにもかかわらず、その人が落ち目になると知らん顔をするのです。世話になるだけなって、後は知らんぷりを決め込む打算的な人が多いほどに、世間は世知辛いものとなるでしょう。

受けたご恩を忘れて生きるのと、人様の〝おかげ〟を感じながら生きるのとでは、人生の厚みが大きく違ってきます。恩人の訃報を受けた際は、せめて「あの時は、ありがとうございました」と心の中でお礼を述べて頭を下げるなり、お線香の一本を薫《くん》じるなりするのが、お世話になった方への礼儀でしょう。

相手のためになる「心配り」を

心配しないで、
心を配る

「ご飯ちゃんと食べているの？」「さすがに働き過ぎじゃない？」「そんなに飲み過ぎたらダメだよ」と、人のことをあれこれ心配する人がいます。

この「心配」という心づかいは、とても〝厄介な気づかい〟です。なぜなら、心配する側は「こうすればいい」という答えをすでに持っていて、相手が自分の思うように行動するのを期待しているからです。

しかし現実は、忙しくてまともにご飯を食べられない、働かないと仕事が終わらない、いやなことがあって飲まずにいられない、といったことが多いので、言われたほうは、心配してくれている人の期待に応えることはできません。すると、「こんなに心配しているのに、言うことを聞かないなら知らないからね」と怒り出します。このように「心配」は、まことに厄介な側面を持っているのです。

ならば、「心配」に「り」をつけて「心配り」に変えれば、期待するような反応がなくても気にならなくなります。一緒にご飯を食べてあげる、働き過ぎずとも何とかやっている働き方や、適度に飲むお酒の楽しみ方を見せるのが「心配り」です。心配せずに心配りだけをして、後は相手に任せておきましょう。

善意の「貸し借り」はご無用

恩は着るもの、着せぬもの

感謝することの多い幸せな人生を送るのに、この言葉ほど役に立つものはありません。

幸か不幸か私の周りには、「～してあげた」と人に恩を着せようとする人が三人ほどいます。こちらから何かしてほしいと頼んだわけではないのに、「私に感謝しなさい」と押しつけてくるのです。そして「貸し」を作ったつもりで、「私はあなたにしてあげたのだから、何かあったらあなたも私にすべきです」と考えているのでしょう。

感謝してもらいたいという気持ちはわからなくもないですが、感謝は人から強要されるものでなく、自ずと感謝の思いを抱くからこそ尊いのです。

もっとこわいのは、「～してあげたのに……」とつけ加える人です。感謝してほしいだけならまだしも、勝手に思い描いた筋書きどおりに相手が恩返しをしてくれないと怒っている様子は、まるで一人相撲をとっているかのようです。

善意で何かをするならば、見返りを求めようとせずに、「自分がやりたいからやっている」ことに満足するほうが、ずっと楽に生きていけるのですがねぇ。

人間関係では「誠実」こそ大切

正直と誠実は違うもの

「長男よ、いやならいやとハッキリ言いなさい。次男よ、いやでも少しは我慢しなさい」。どこで読んだかは覚えていませんが、私が好きな言葉のひとつです。

「いい子」であろうとする〝長男タイプ〟は本心を言わないので、どう思っているかを誰にもわかってもらえずにストレスをため込み、ある時、爆発してしまいます。その爆風が自分の内側に向かえば鬱《うつ》に、外側に向かえば人にキレることになるでしょう。そのため周囲は、「自分の気持ちに正直になって」と言います。

一方で、もともと自分の感情に正直な〝次男タイプ〟の人に同じことを言うと、わがままが雪だるま式に大きくなって、ただただ自分に正直なだけで、誠実さに欠ける人になってしまうかもしれません。

『新明解国語辞典』には、「誠実：言動にうそ・偽りやごまかしが無く、常に良心の命ずるままに行動すること」とあります。「良心の命ずるまま」というのが「誠実」の特長であり、「正直」の意味に「良心」の二文字は見当たりません。

自分に正直であっても、人に不誠実な対応をする人に何度もいやな目にあわされた私からすると、「正直」よりも「誠実」のほうがずっと大切だと思うのです。

喧嘩する者は、バカを看板にしているようなもの

犬も食わない夫婦喧嘩から国同士の争いにいたるまで、「喧嘩」というのはつまるところ、己《おの》が欲のぶつかり合い。互いに「自分が正しい！」と主張し合っているに過ぎません。

ところで、仏教の仏さまを全知全能の神のように思っている人がいるようですが、仏さまには夫婦喧嘩をやめさせる力もなければ、戦争を止める力もありません。仏教では、「力ずくで相手を自分の思うとおりにしようとする〝わがまま〟に気づきなさい」と説きつづけているだけなのです。

「喧嘩する者は、バカを看板にしているようなもの」

この言葉は、江戸時代に活躍した侠客《きょうかく》の大親分が言ったものとして伝えられています。喧嘩上等、博打を生業とする大立者《おおだてもの》の言葉だけに説得力があります。

世の中は持ちつ持たれつ。それも知らずに、相手の都合を考えずに自分の主張ばかり押しつける。それが喧嘩の本質です。喧嘩に勝ったとしても敗者の恨みを買ってしまうため、仕返しにおびえるようになります。どのみち〝勝者〟がいないのだから、喧嘩はやはりばかばかしいのです。

悪口を言えば言うほど信頼をなくす

他人の悪口を言えば
自分が偉くなると
思ったら大間違い

「人の悪口を言うのはやめましょう」と子どものころから言われてきたのに、なかなかやめられない。そんな人は少なくありません。

悪口を言って他人をおとしめると、そのぶん自分が偉くなったような気がします。でもそれは錯覚です。階段の上から順に人が並んでいるとして、誰かを下の段に降ろしたからといって、自分が順送りに一段上がれるわけではありません。

自分も人から悪く言われているかもしれないのに、誰かの悪口を言って得意になっていれば、「オメデタイ奴だ」と陰で笑われてしまいます。

悪口を言う人の中には、「みんなは知らないだろうけど、実はあいつってこんな奴なんだ」と、自分の情報収集能力や分析力をひけらかす人もいます。そんなことを自慢げに話しても、聞いた相手が「私の悪口も誰かに言っているに違いない」と思うでしょう。結果として何の自慢にもならず、信頼をも失いかねません。

このように、人の悪口を言っても何ひとついいことはありません。もしあるとすれば、かつての私のように陰で笑われ、周囲の信頼をなくして初めて、悪口を言わなくなることくらいでしょうか。みなさんも悪口はやめましょうね。

「ユーモア」のオイルを差して潤滑に！

まじめも、休み休み言ってほしいものです

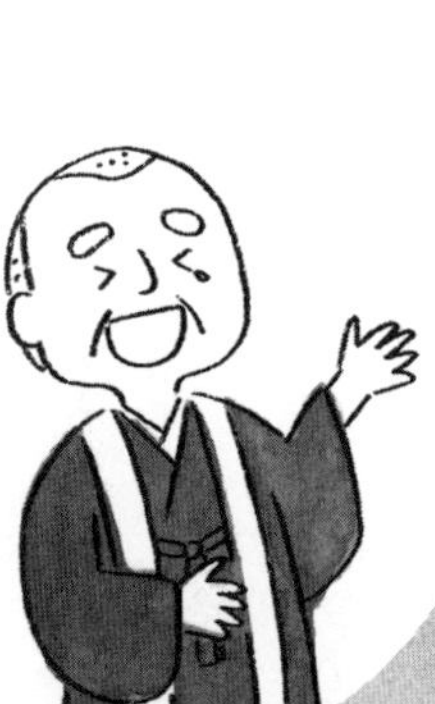

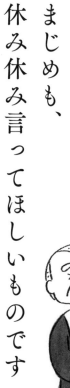

私は元来とてもまじめな性格でして、それが恥ずかしくてよく冗談や駄洒落《だじゃれ》を言って隠そうとします。そのせいで、「冗談も休み休み言え」と言われます。

しかし、冗談もわからないような四角四面な堅物には、人は心を開いてくれないでしょう。おまけに言動もまじめの一点張りでは、周りの人は肩がこってしまいます。ユーモア感覚がゼロでは、人間的にはまだまだ未熟なのです。

「ユーモア」の語源はラテン語の「フモール」。「体液」を意味する語で、その人の心からにじみ出るもの、人びとが思わず微笑んでしまうような、上品で機知に富んだ洒落のことを「ユーモア」と呼ぶようになりました。

何かにつけて冗談を言う必要はありませんが、ユーモアは人間関係の強力な潤滑油になります。たとえば「いやだ」と言いたい時、私は「何が悲しくてそんなことをしなくちゃいけないんだ」と伝えます。「これ、やってくれない？」には、「今、やっていることがあるんだ。沢庵《たくあん》食べながらアクビはできないだろ？　それと同じだよ」と返します。こんなふうにユーモアで返せば、否定や断りの返答であってもカドが取れて、気まずい雰囲気にならずにその場が和《なご》むはずです。

微笑まれて敵意を抱く人はいない

笑顔に向ける刃《やいば》なし、笑顔にまさる化粧なし

赤ちゃんをかわいいと思うのは、子孫を残すために動物に備わる本能のひとつだそうです。同様に、笑顔を作ることは、自分に危害が及ばないよう、自己防衛の本能が働いているものともいわれます。赤ちゃんの微笑みに敵意を抱く人はいないでしょう。赤ちゃんがニコッとすると親や祖父母が「笑った、笑った」と喜ぶように、笑顔は人の心と心を繋ぐパイプの役割を担っています。

アナウンサーを講師に迎えて話し方の勉強会をしていた時、うつむきがちに低い声で自己紹介した若者がいました。講師が「もっと笑顔で、明るい感じで話しましょうね」とアドバイスすると、「僕はもともと明るい性格ではないんです」と食い下がりました。すると講師は一層、明るい声を出してきっぱりと言いました。

「赤ちゃんの暗い表情なんて見たことがないでしょう？　誰もがみんな明るく生まれてきているんです。雨の日の夕方に駅前の公衆トイレに裸足で入ったような、そんな暗い話し方が好きなんて人は、聞いたためしがありませんよ」

笑顔は本能からの贈り物です。その贈り物で人と心を通わせ、誰かの心と心を繋いで連鎖させるためにも、笑顔をあちこちに振りまいていきませんか。

相手がグーを出したら、パーを出して丸ごと包んでしまおう

自分の意見は正しくて他は間違っている、自分の意見を曲げたら負けだと思っている人、そんな頑固者や意地っ張りがあなたの周りにもいませんか？

こういう人はジャンケンをするのに、ずっと握り拳（グー）しか出さないようなものです。相手がグーを出しているのに、自分も負けじとグーしか出さずに意見を譲らなければ、日が暮れても勝負はつきません。

私たちの日常生活では、互いにグーを出しつづけて決別するようなことはほとんどありません。今日何を食べるか、風呂場は誰が掃除するか、旅行はどこに行くか、といったことであれば、結果にたいした違いは生じないでしょう。

たいして違わないのであれば、こちらが手を開いてパーを出し、相手のグーを包んで、その人のやりたいようにさせてあげればいいのです。

せっかく相手の意見を聞き入れたなら、たとえそれが間違いだったとしても、「だから言ったじゃないか。私は知らないからね」と投げやりな態度はとりたくないもの。相手が間違えた時は、助けてあげましょう。それくらいの覚悟がなければ、パーを出して相手のグーを包む意味がありません。

ご先祖さまとのお付き合いのしかた

ご先祖は、自分（や親しい人）に命のバトンを繋いできてくれた人たち。自分が今いるのはご先祖のおかげです。その感謝の思いを届ける方法のひとつがお墓参りです。私の寺の檀家さんは故人の命日以外に、年末年始・春彼岸・お盆・秋彼岸の年四回はお参りされ、その時期は墓地がお花畑のようになります。お墓が遠ければ、近所のお寺の本堂で「仏さま、私の感謝の気持ちを先祖に届けてください」と合掌すればいいでしょう。

小さなお子さんがいる方は、帰りにお菓子を買ってあげるなどのご褒美目当てでもいいですから、お伴させてあげてください。目に見えない、この世にもういない人に思いを届ける心の豊かさと、それができる場所があることを、子どものうちに感じさせてあげていただきたいのです。

よその家にお邪魔した際、見えるところに仏壇があれば、まずお参りしたいものです。仏壇はその家の信仰の中心です。仏壇の本尊や位牌《いはい》のご先祖に敬意を払う意味でお参りしておけば、その後の時間を気兼ねなく過ごせます。

第四章

楽しく笑って生きるために

偶然は準備していた人だけにやってくる

損得勘定で動くとトゲが生えますよ

損得なんて言葉を、人生に当てはめちゃいけません

「そんなことをしたら損だよ」「もっと得なことをすればいいのに」と耳にすることがあります。でも「損得」という言葉はお金に関わること以外で使わないほうがいいでしょう。でないと、長い時間をかけて積み上げた信頼を失いかねません。

「損か得か」で動く人は、自分が得をするためなら人を裏切ってもやむを得ないと考えているため、結果的に、せっかく膨らませた〝信頼〟という名の風船を自分の心のトゲでパチンと割ってしまうのです。

私たちは、損得勘定だけで生きているわけではありません。損をしてでも「やらなければならない」ことがあり、得なことでも「してはいけない」ことがあるのです。親が子どもを育て守るのは愛情と責任があるからで、損得なぞは一切考えません。買い物をした際におつりを余分に渡されたらそれを返すのも、損得抜きに人として公明正大でありたいからでしょう。

多少の迷惑を被って損をしたとしても、世の中は〝お互いさま〟です。損得を口にしそうになったら、代わりに「もったいない」と言ってみてください。そのひと言に変えるだけで、心のトゲトゲは取れてくるものです。

一日一回くらい、
人が喜びそうなこと
言えるでしょ

忙しい一日が終わり、一人呑気《のんき》にしていた時のこと。「あれっ、私は今日、誰かが喜ぶようなことを言っただろうか」と、ふと思いました。いくら考えても思い当たらず、情けなさが小さなため息になって漏れました。

人は毎日、誰かしらと顔を合わせて挨拶を交わします。挨拶につづけて「いいお天気ですね」などと、相手と共通の話題を見つけて話せるようになるまで、私は二十年かかりました。今は加えて、相手が喜ぶひと言を添えるよう練習しています。人に媚《こ》びてお世辞を言うのではありません。人のよいところに気づく訓練、ひいては自分事以外に関心を持つための訓練の一環です。

「先日はありがとうございました。助かりました」と、感謝すべきことを思い出す。「今日の服、お似合いですね」と、ファッションセンスを褒める。「ご活躍とのお話、聞いています。すごいですね」と称賛するなど、相手が喜びそうなひと言は探せばいくらでもあるはずです。それらに気づかないのは、自分のことで精一杯なのか、あるいは、自分のことしか考えていない煩悩がある証拠でしょう。

自分事以外にも関心を持って、一日に一回、人が喜ぶことを言ってみませんか。

外の光を取り込んで自分色に輝け

自分で光る宝石はない。
輝くのは光を内側で
乱反射させているから

「親の七光」と言われ、いやな気持ちになったことがある人はいませんか。自分なりに精一杯やっていても、すぐそばで輝きを放っている親がいるために、他の人にはその人自身が輝いているようには見えないのです。

よくも悪くも、親の威光の影響があるのは事実です。「私と親は別です」とどれほど力説しても、さほど説得力はありません。何かにつけて親の威光を持ち出されるのに耐え兼ね、親とは別の道を進もうとする人もいますが、威光を使える環境にいるのなら、遠慮せずにそれを利用したらいいのです

宝石が輝いて見えるのは、外から入ってくる光が宝石の内部で乱反射して外に放たれるからで、内側が汚れていたのでは光り輝く宝石にはなりません。人間の場合、外からの光というのは親の威光だけではなく、有名大学や一流企業、優秀な仲間や高級な住まいなどもそうだといえます。宝石のように、外から取り込むそれらの光で自らを輝かせるためには、まず自分を磨くことが大切なのです。

人は誰でも宝石の原石です。外からの光を受けて自分色に輝けるように、今のうちに心をブリリアントカットにしておきましょう。

金銭を、
使い捨てるはたわけ者、
食わずにためるは
バカ者なり

お金は何かをするための〝道具〟です。「天下のまわりもの」なだけに、なかなか自分のところに留まってはくれませんが、しょせん道具でしかないお金に振りまわされるような生き方はしたくないものです。

お金に執着すると財布の中身が減っていくことばかり気になって、お金で得ているものに考えが及びにくくなります。そこで私は、お金を支払う代わりに物やサービスを受け取っているので、「お金と交換している」と思うようにしています。

お金を上手に使う人は、対価として得たものを心の天秤にかけ、お金を得た時と同じように、使った時も喜んでいます。心の天秤がお金よりも、お金と交換したもののほうに大きく傾くからです。お金の対価として得たものに、心の重心を移動させているのです。

しかし残念ながら、お金で得たものの価値は長つづきしません。それが道具でしかないお金の危うさであり、もろさなのです。それでも何と交換するかは重要で、できればなるべく価値が長つづきするものを選ぶのが望ましいでしょう。

お金は喜んで上手に使いましょう。

何の準備もしなければ「たまたま」はない

偶然は準備していた人だけにやってくる

何かいいことがあった人は、「たまたま運がよかっただけで、偶然ですよ」と答えるでしょうが、それを鵜呑みにしてはいけません。なぜなら、実際には「たまたま」や「偶然」ではないからです。

宝くじが当たるのだって、「たまたま」ではありません。そもそも宝くじを買わないと当たりません。街中でなつかしい人と再会するのも、テーマパークで元カレとばったり会うのも、旅先で人と出会うのも偶然ではありません。街に出かけ、テーマパークに遊びに行き、旅に出るという〝準備〟があってのこと。このような準備ができていないと、偶然は訪れてくれないのです。

「いいなあ、私にもそんな偶然が起こらないかなあ」とうらやましがるのは、嫉妬という煩悩の仕業《しわざ》です。

もちろん、準備をすれば必ず、偶然がやってくるとは限りません。しかし、偶然を呼び込むには準備万端の状態であることが大切です。自ら「運を開く」ためにも、準備は必要なのです。

準備を完了したあなたからお呼びがかかるのを、「偶然」は待っていますよ。

石橋の向こう側へ
どうしても行きたいなら、
叩かないで渡ってしまえ

安心や安全を求めるあまり、何かやろうとしても「大丈夫だろうか」と心配になって踏み出せないことがあります。自分のやろうとしていることが他人に大きな影響を与える可能性があるならなおさら、慎重になるのは当然のこと。しかし、失敗しても自分が被害を被《こうむ》るだけですむなら、迷っていないでやってしまえばいいと思います。

はじめの一歩を踏み出すために、本当にやりたいのか、やらなければならないのかを、まず自分に問いかけてみましょう。その答えが「イエス」だったら石橋を叩くようなことはやめて、川を渡るしかありません。

途中で橋が崩れてしまったとしても、泳いで向こう岸まで渡ればいいのです。歩いて渡るよりは疲れるでしょうが、それも覚悟の上。「当たって砕けよ」の心持ちです。泳いで元の場所に戻れば、別の橋を探すことだってできるのです。

「善は急げ」と同様に、仏教も「よいと思ったことは、躊躇《ちゅうちょ》しないでやってみよう」と説きます。立ち止まらず、後ずさりせず、前に進みましょう。「どうしよう……」といつまでも迷っていられるほど、人の一生は長くはないのですから。

「当たり前」は魔法の言葉

私たちは「当たり前」と思っていることには腹を立てません。

たとえば、工事中の道路が片側交互通行であれば、渋滞するのは当たり前。欲しいものが売り切れてしまったのは、買いに行くのが遅かったのだから当たり前。そう思えば、歯ぎしりしなくてもすむでしょう。また、偉ぶることでしかアイデンティティーを保てない人が、「偉そうにふるまっていないと、自分の存在を証明できない」のだとわかると、憐れみの情さえわいてきます。偉そうにするのは当たり前だと思えてくると、自ずと怒りは鎮まっていくでしょう。

このように本来のあり方を明らかにすると、多くのことは「それでは仕方がない」と諦められるもの。「明らかにする」と「諦める」は同源です。

自分の都合どおりにいかないことが起こっていやな気持ちになった時は、思いどおりにならない理由を考えてみましょう。ほとんどの場合、納得できる理由がすぐに見つかるはずです。理由を明らかにして「当たり前」だとわかれば、いやな気持ちは軽くなることが多いものです。「当たり前」と思えることを増やして、いつも心おだやかでありたいですね。

自分の欲のために拝まず、
自分の欲に気づく
拝み方をしよう

お釈迦さまがおっしゃったのは、「自分の願いが叶わないと苦を感じるのだから、願いをなくしていけば苦はなくなる」ということです。これが仏教の基本的な考え方です。

これとは正反対に、人類の長い歴史は「願い（欲望）を叶えてしまえ」という方向に進んできました。飛行機や車、靴や爪切りに至るまで、日常生活を快適にするありとあらゆる品々が私たちの欲望を叶え、満たしてくれます。

こうした文明の利器の発展は人間の発想力と努力のたまものですから、これらを生み出してほしいと神仏に祈る人はいませんよね。しかし、お金が欲しい、病気をなおして健康になりたい、勝負に勝ちたいなど、即効性のある利益を求めて神仏に祈りを捧げる人は少なくありません。時にこうした願いを聞き入れてもらえることもありますが、欲望を野放しにすると煩悩にとりつかれてしまいます。

仏教では、最終的には自らの気づきによって欲望を減らすことで、安らかな境地へ導こうとします。神仏に手を合わせる時、時々でけっこうですから、「私は自分の〝欲〟に手を合わせていやしないか」と疑ってみてください。

心の雨も現実のものと受け止める

雨の日には雲の上の太陽を思い浮かべること

「明けない夜はない」、「やまない雨はない」は、悲しみや苦しみの中にいる人に希望をもたらす言葉ですが、これらに関連する言葉がもうひとつあります。

それが「雨の日にも、雲の上には太陽が輝いている」です。私たちは誰しも太陽のように輝く心を持っています。今は心の中が苦しみの雲に覆われ、悲しみの雨が降っているだけ、と考えることで希望を持つことができるのです。いつしか心の雨がやみ雲も晴れて、かつてのように太陽の光の中で笑顔を輝かせる時がくると思えば、苦難を乗り越える勇気もわいてきます。

これはとても仏教的な考えです。仏教では私たちはもともと〝仏〟だと考えます。物事の道理がわからぬ〝無明《むみょう》〟の雲に覆われ、〝煩悩〟の雨が絶え間なく降ったとしても、その雲を〝智恵〟の風で払えば、仏の姿が現れるのです。

しかし、雨に降りこめられている現実を受け入れないと、いくら希望を持っていても心の雲は晴れません。雨に濡れるのを覚悟で歩き出すか、傘をさして一歩踏み出すか、もう少し雨宿りしてみるか、状況に応じて現実的に考え対処をしたいものです。

一方の話だけで物事を判断しないこと

片《へん》言《げん》をもって
善悪は定めがたし

「ちょっと聞いてくださいよ。あの人ったらひどいんですよ」と、喧嘩《けんか》相手の悪口を聞かされることがあります。気の毒に思って親身に話を聞く分にはいいのですが、気をつけたいのは一方の話だけ聞いて善悪を判断しない、ということです。「片言」は「わずかばかりの言葉」という意味ですが、講談などでは「片方だけの言い分」という意味でも使われます。

悪口を言う人は、自分の正当性と相手の非道ぶりだけを述べます。自分に都合の悪いことは、気づいていても一切言いません。そもそも気づいてさえいないことが多いものです。

調子にのって「その話が本当なら、まったくあの人はひどい人ですね」などとつい言おうものなら、後でとても面倒なことになります。悪口を言っていた人が喧嘩相手と次に会った時に、「あの人もあなたが悪いと言っていた」と伝えてしまうかもしれません。面倒に巻きこまれたことのある私が言うのですから、間違いありません。「片言」を鵜呑みにすると、不運も招きかねないのです。

心やさしい人は、悪口を言う人の「片言」に惑わされないようにしましょう。

情報を安易に鵜呑みにしてはダメ

他人の受け売りで
寄ってたかってバッシング
卑怯者よ、目を覚ませ

自分のアタマや言葉で考えず、人から聞いたことを鵜呑みにして、「温暖化のせいなんだそうだ」「陰謀なんだってさ」などと受け売りの知識を話しているうちに、それがあたかも自分の考えかのように錯覚をする人。また、誤った情報や偏《かたよ》った情報を頼りに、寄ってたかって他人をバッシングする人はいませんか。

「あなたっていい人ですね」と言われ、その言葉を真に受けて無邪気に喜ぶ人がいれば、「いい人」の前に「どうでも」が隠されているのでは、と勘ぐって気をひきしめる人もいます。「あの有名な」と言われても、知らない自分を恥じる必要はありません。あなたが知らないのだから、本当に「有名」とは言い切れないのです。円錐《えんすい》は横から見れば三角ですが、上から見れば丸ではありませんか。

借り物の情報ばかりを寄せ集め、コピペしたような考えなど、砂上の楼閣、蜃気楼のようなもので、到底「思考」とは呼べません。いわんや、そんな考えで人をバッシングしたり、弱い者いじめをしたりするのは卑怯者のすることです。

つまらぬ情報に惑わされずに、偏った見方をせずに、おのれの悪しき見方に気づいてバランスのとれた心をとり戻しましょう。

悩むのと考えるのは違います

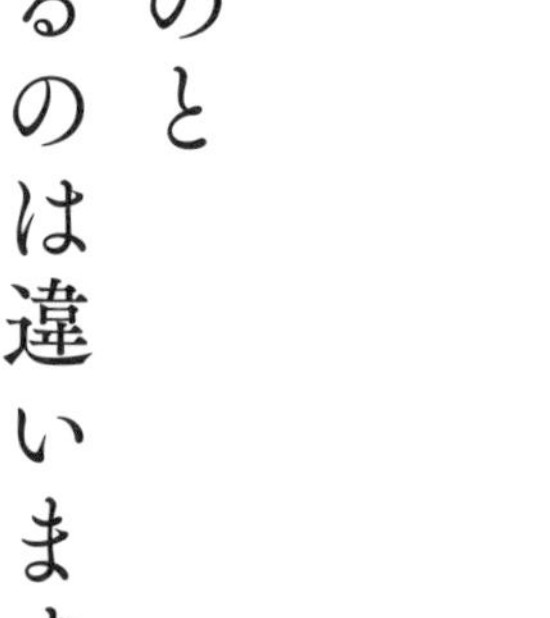

あるインタビュー番組でプロ棋士が言ったひと言に、三十代半ばだった私はハッとさせられました。「悩むのと考えるのは違う」ことを初めて知ったのです。それまで思ってもみなかったことだったのでハッとしました。

「悩む」とは、問題を解決するための方法を探そうとせずに、「悩み」の中に留まっている状態です。「こうしようかな、でもなあ……」と頭の中で堂々巡りするだけなので、私は〝お悩みメリーゴーラウンド〟と呼んでいます。

これに対して「考える」とは、「こうするとこうなる、ああすればああなる。では、どうすればいいか」と、結論を導いて出口を見つけようとすることです。冒頭の棋士のひと言を耳にして以来、「どうしよう」と迷った時には、「悩んでいるのか、考えているのか」を自問自答するようになりました。

過去の出来事について悩んでいても出口は見つかりません。過去の出来事をこれからどう活かすか、を考えることでしか出口は開かれないのです。考えてもわからないこともあるので、その時は「今はわからん！」としておくこと。〝お悩みメリーゴーラウンド〟に乗って時間と労力を費やさないほうがいいですよ。

楽しむのも 愉《たの》しむのも 工夫次第

誰でも、楽しいことだけして生きていきたいと思うでしょう。

「楽《がく》」とはもともと音楽のことで、そこから心がウキウキする、がやがやとにぎやかに楽しむ、という意味が出てきました。「楽」は「ラク」とも読み、心の安らぎのほか、経済的な豊かさや簡単でやさしいことなどを意味します。

「楽」という言葉にまつわるさまざまな意味の違いが面白かったので、私は自分で作った「楽《らく》じゃなくても、楽しむことはできるはず」という言葉を座右の銘にしています。簡単に、楽にはできないことでも、工夫次第で楽しめるという意味です。

「たのしむ」には「愉」の字を当てることがあります。「愉」の旁《つくり》の「俞」には、「木を刃物でくり抜いて丸木舟を作る」という意味があり、そこから「心のしこりがとれて愉しい」「心中にわだかまりがない」こととして使われます。

先にがやがやと楽しむか、心のしこりをなくしてから愉しむか。私は自分で心のしこりをとってから、がやがや楽しみたいと思います。見栄や嫉妬などを心の中からとり除いて愉しくなった上で、心の底から楽しみたいと思うのです。

無駄は心の贅沢なり

「無駄づかいはいけません！」とむきになって怒っていたのは、私にとって今は昔のお話。四十を過ぎてからは「無駄は心の贅沢」と心得て、人がお金を無駄づかいすることに対して寛容になりました。

光熱費やスマホなどの通信費をはじめ、生活に必要なものにお金をかけるのは当たり前です。ただ、当たり前のものを支払うことに喜びを感じる人はあまりいません。一方で、他人から見れば無駄と思えるようなものなのに、それを買って手に入れた人は大満足。本人は喜んでお金を使っています。そう考えると、無駄づかいは心の贅沢なのです。贅沢をすれば経済もうるおうので、そう悪くはありません。和室の床の間や水墨画の余白も一見無駄なようですが、無限の広がりを感じられる、という贅沢がそこにはあります。このような贅沢を求める心は「執着」ではなく、人生のこだわりといえそうです。

無駄づかいをせずに貯金したり、シンプルライフやミニマムライフ（最小限の暮らし）を楽しむのは、その人の自由です。しかし、自分のことはさておき、他人の無駄づかいくらいは大目に見るだけの心の余裕も持ちたいものです。

自分を知ってもらう前に他人を知る

あなたは
どれだけ人のことを
わかろうとしているか？

人間は四つの社会的な欲求を持っており、このうちひとつでも満たされれば、生きる希望がわいてくるといわれています。

そのうち三つは、誰かに「愛されたい（関心を持たれたい）」「認められたい」「褒められたい」という、自分が誰かにしてもらいたいこと。最後のひとつは、「人の役に立ちたい」という、自分が誰かにしてあげたいことです。世の中には、周囲の関心をひきたくていたずらをする人もいますし、他の人に認めてもらいたくて自慢話ばかりする人もいます。幼いうちは、誰かに褒められたくて人の役に立つことをするものですが、大人になっても褒められれば嬉しいものです。

ところが中には人に褒めてもらえないと、「誰も私のことをわかってくれない」とがっかりする人がいます。そんな時、「自分は人のことをどれだけわかろうとしているか」、ということに気づけたらいいですね。自分が人のことをわかろうとしていなかったなら、心を楽にするには「自分のことをわかってもらえないのも仕方がない」と諦めるか、これからはもっと人に関心を持って、相手を認め、よいところを褒めようと努力すればいいのです。

貧乏でもないのに
けちけちしているのを
「貧乏性」というのです

東京の東のはずれとはいえ、下町で生まれ育ったせいでしょうか。「上品ですね」と人に言われたことが、私はいまだかつてありません。

「江戸っ子は　五月の鯉の吹き流し　口先ばかりで　はらわたは無し」と江戸時代から言われているように、たいした考えもないままに口からぶっきらぼうな言葉が飛び出します。また、年下の人と一杯飲む時には、「物は言うべし、酒は買うべし」の言葉を忠実に守ります。年上は好き勝手にしゃべらせてもらえるのだから酒肴料《しゅこうりょう》くらいは自分が持て、という意味です。このような気性なので、ケチケチしている人を目にすると、「お金がないわけじゃないだろう」などと、何か言いたくてうずうずしてきます。

貧しい生活を送ったことのある方が当時を忘れられず、節約に励みたくなる気持ちはわかります。しかし、節制しているうちに心まで貧しくなってしまう人がいるのです。『新明解国語辞典』では「貧乏性」を、「貧乏でもないのにゆとりある気分になれず、けちけち(あくせく)している性質」と皮肉っています(傍点は著者)。財布の中身に関係なく、心のゆとりはなくしたくないものですね。

エネルギーはプラスのことに費やそう

人を恨むより許すことに心のエネルギーを使う

アメリカの精神科医トーマス・ホームズは、ライフイベント（出来事）ごとにストレス度をチェックする調査を行いました。「配偶者の死」のストレス度を百点とすると「結婚」は五十点で、「離婚」は七十三点という高得点に。このことを知るまで私は離婚の報告を聞くたび、「お互いが幸せになるために離婚したんですよね」などと呑気《のんき》な顔をして言っていたのです。本人が多大なストレスを感じていることに気づかずにいた自分が恥ずかしくなりました。

人の心や感覚を数値化して判断を下す方法は、とても面白いと思います。たとえば、「鼻毛を一本引き抜く苦痛を『一鼻毛』とすれば、出産は『百万鼻毛』になる」といった数値化なんかも愉快です。そんなことを考えていたある日、人を恨むのに必要なエネルギーと、許すためのエネルギー、どちらが大きいのだろうと思い浮かびました。人を恨みつづけるには膨大なエネルギーを費やします。自分の不幸を誰かのせいにしているマイナスの状態なので、許すというプラスの行為には相当なエネルギーが必要です。私の経験では、エネルギーの消費量はほぼ互角。ならば、許すほうに使ったほうがいいと思いませんか。

〝今〟のあなたの真実を話せばいい

真実を語っている限り、
言うことが変わっても
平気です

「食べ物を三十回噛むようにすると記憶力がよくなる」という話を聞いた人が「記憶力をよくする方法」ということだけに注目して、「こんなことを言う人は不倫しているのでは？」と言い出したそうです。おそらく、「記憶力をよくする」という部分と「不倫」が、その人の中でリンクしたのでしょう。なるほど、不倫はミルフィーユのように嘘を重ねないとできませんから、ついた嘘は覚えておく記憶力が必要です。積み重ねた嘘のせいでずっと後悔に苦しめられることになる上、嘘もすべて覚えておく労力を考えたら、不倫はしないほうが賢明です。

嘘を重ねることはもとより、言っていることとやっていることが違えば、誰も信用してくれません。前に言っていたことと今言っていることが違う場合も同様です。多くの人は「前は違うことを言ってたではないか」と問いつめますが、時間の経過や状況の変化に応じて人の考えが変わるのは当然のこと。「今は違いますが、あの時は心の底からそう思って言ったのです」と正直に伝えればいいと私は思うのです。冒頭に「今は」とつけ加えれば、後になって違ったことを言ってても気にしなくていいですよ。いつだって真実を語っていればいいのですから。

年をとるのは、許せることが増えること

年をとるというのは、多くを経験することです。経験の中には当然、たくさんの失敗も含まれます。冷静な判断を欠けば、仕事はもちろん結婚や投資でも失敗しますし、年とともに経験を重ねていくと次第に、「こういう時は、こんな失敗をしてしまうものだ」とわかってきます。

ですから、過去に自分が失敗した時と同じように失敗をしてしまった人がいたら、「そういうものだよ」と許せるはずです。ところが、自分と同じ失敗をした人を非難したり、つきはなしたりする人がいます。

これまで経験してきたのは、自分の失敗だけではありません。他人の失敗もたくさん見聞きして学び、人間がいかに愚かな動物かもわかっているはずです。それを踏まえて失敗してしまった人に共感し、リカバリーの仕方を教えてあげるのが大人です。「どうしてそんなことをしたのだ！」などと怒る人は、人生から共感ややさしさを学んでいないことになります。

失敗して学べる最大の財産は、「人の失敗を許せること」だと私は思うのです。その貴重な財産を得るためにも、失敗をおそれず年を重ねていきましょう。

お寺へのお参りで安らぎを得る

多くのお寺は「〇〇山〇〇院〇〇寺」という正式名称を持っています。普段は「〇〇寺」などの一部分で呼ばれます。私のお寺の正式名称は「本命山密蔵院明光寺」ですが、通称は「密蔵院」です。

「院」はもともと、塀で囲まれた場所を示します。病院、衆議院、寺院、修道院などでお馴染みでしょう。

しかし、敷地を囲むこの塀（院）の影響で、檀家や信者以外の人は境内に入りにくいようです。中には門が閉まっているお寺もありますが、そうでなければ、塀があってもお堂にお参りしたり、境内で休憩したりするのは自由です。

歴史ある寺院はパワースポットに建てられています（霊感がない私にはわかりませんが）。そこで多くの人々が祈りを捧げてきたので、パワーに加えて祈りの磁場のようなものができていて、なんとなくですが、時間もゆっくり流れている気がします。

安らぎを得るために、どうぞ、遠慮なくお寺にお参りなさってください。

第五章

自分で自分を幸せにするために

「一即多」で世界を大きく感じ取れ

生きる場所
そこにもあるのか
屋根の草

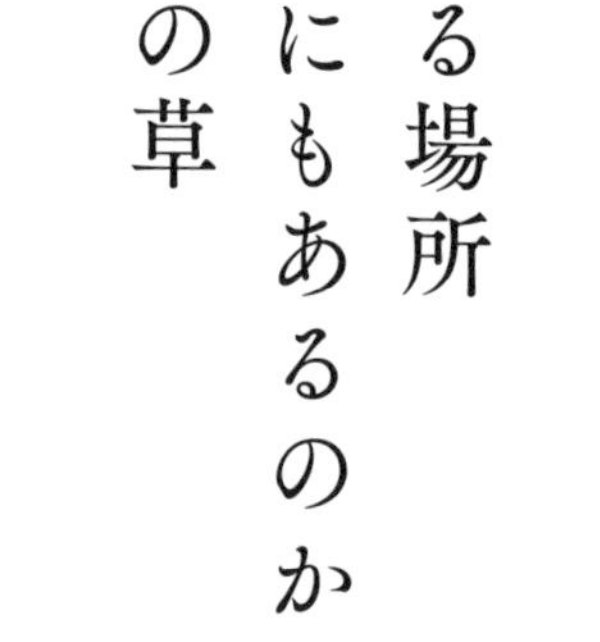

時折、自分の居場所に窮屈さを感じることがありませんか？　親から干渉されるのがいやでプチ家出をしたことがある人や、なんでも自由にできる一人暮らしにあこがれ、実家を出た人もいるでしょう。

私の場合、家族、仕事、土地、得体のしれない〝世間の常識〟に縛られていると感じ、鎖につながれた囚人と我が身を重ねていた時期があります。一方で、それまでとは別の場所に移らなければならなくなり、慣れるまではやはり鎖につながれたように感じてホームシックにもなりました。

そんなある日、本堂の雨樋《あまどい》に、小さな白い花をつけた草が生えているのを目にしました。雨樋にたまったわずかな土しかない過酷な環境でも、そこに根を張って生きる姿はたくましく感じられました。

雨樋の草のように今いる場所に根を張って生きようとするか、どこに行っても鎖につながれていると感じながら生きるか。同じ状況にあっても生活の〝張り〟は大きく異なります。屋根の上に生える草もアスファルトの隙間で生きる草も、「今いる場所で生きていく」勇気をあなたに教えてくれています。

あなたはすごい存在なのです！

宇宙とあなたは同い年

人間の体の大部分は水です。ほかに、骨を作っているカルシウムやタンパク質、脂質、リン、カリウム、鉄などで構成されており、こうした物質を購入するとしたら一人分の材料費はなんと三千円程度だそうです。

「あなたの体などたかが三千円なのだ」と申し上げるつもりはありません。その「たかが三千円」の物質の集まりが、喜怒哀楽を享受しながら人生を謳歌できるのですから、ありがたくも、もったいない話ではありませんか。

人間の体の大部分を占める水は、もとは川や海、地中にあったものでしょう。その水は何万年、何億年も前から巡り巡って、あなたの体の一部となっています。水だけではありません。カルシウムも鉄も、地球が生まれた四十六億年前、否、宇宙創生から百三十八億年もの間、宇宙のどこかにあったもので、それらが巡り巡りって今、あなたの体を作っているのです。

だとすると、あなたは宇宙と同い年。奇跡のような、素晴らしい存在なのです。そんなにすごい体を宇宙からもらっているのですから、小さなことに右往左往しなくてもいいのですよ。

ゴールまでの途中を楽しまなきゃ！

浜までは海女《あま》も
蓑《みの》着る時雨《しぐれ》かな

海に入れば濡れてしまうが、海女は浜までは蓑を着て時雨をふせいで濡れないようにしている——この句は江戸時代中期の俳人、滝瓢水《たきひょうすい》が詠んだものといわれています。海に入る前に雨をしのぐ海女の姿から、結果が明らかな場合でも、それまではやるべきことをやる大切さを説いています。

子どものころから私は、自分の思いどおりにならないとすぐにふてくされていました。「どうせ、私のことなんか誰もわかろうとしない」「所詮、人間は立って半畳、寝て一畳さ」「結局、人は死ぬ運命だから」「鯔《とど》のつまり、疲れるだけだよ」。思春期を過ぎるまで、こう言って会話を終わらせていました。その回数は、今日の夕飯にカレーライスが出てくる家の数に匹敵するほどでしょう。

問題なのは「結果は目に見えているのだから、何をしても無駄」と考えて自暴自棄になってしまうことです。たとえ結果が変わらなくとも、そこまでのプロセスを存分に楽しむことはできるはず。結果に振りまわされずに〝今〟を生きるのです。誰しも「死」というこの世の人生の〝ゴール〟に向かって歩みを進めていますが、ゴールまでをどのように歩いていくかが大切なのです。

わからないことを「わからん」としておく勇気を持て

私たちはひとつのできごとに納得するために、「どうしてだろう」と考え始めます。こうなったのには必ず理由があるはずだと、辻褄《つじつま》あわせしたくなるのです。なぜ女性（男性）に生まれたのかを考えれば、染色体の話になります。染色体の組み合わせで、どうして性別がふたつに分かれるのか……と、ここから先はわかりません。たとえ科学の力で解きあかしたとしても、その先に生まれる「なぜ？」には答えられないでしょう。なぜ人は眠るのかについても、ある程度は解明が進んでいるようですが、「なぜ？」をくり返すうちに最後に現れるのは、「なぜだかわからないけれど、そうなっている」という鍵穴のない巨大な扉です。

自分が生まれた理由も「なぜ？」をくり返していくと、結果的には「わからん」にたどりつきます。この「わからん」は、「あなたのご都合以前にそうなっている」という意味なのです。

原因や理由を突き止めようとする姿勢は大事ですが、答えに行きつかない時は勇気をふるって「わからん！」と放棄したらいいのです。原因や理由への執着を捨てて、ありのままに受け入れると楽になることもたくさんありますよ。

あとから来る者のために、泉を清く保て

心身ともに身軽になりたいと、「断ち、捨て、離れる」という考え方が、次第に世間に定着してきました。

お寺に来られるお年寄りにも、「自分の持ち物はなるべく捨てているんです」とおっしゃる方が増えてきました。そのわけを尋ねると、「だって、私が死んだ後に、残していった物を子どもたちが整理したり、掃除したりした時、『こんな物を残していくなんて』と思われたくないじゃないですか」という答え。このような考え方では、心おだやかな片づけにはなっていないため、思わずウーンと唸ってしまいます。

人に悪く思われたくないからきれいにする、という発想は自分本位です。きれいにするのは、あとの人に迷惑をかけないため。つまり、人のためでしょう。使わない物をとっておくよりは、悪く言われたくないからと捨てるのでも一歩前進ですが、さらに一歩進んで、「あとの人が困らないように」と考えたいものです。

「あとから来る者のために、泉を清く保て」。これはモンゴルの蒼き狼、ジンギス・カンの言葉だそう。こんな気高さを持って、断ち、捨て、離れたいものです。

余生？
余った人生なんか
どこにもありゃしませんよ

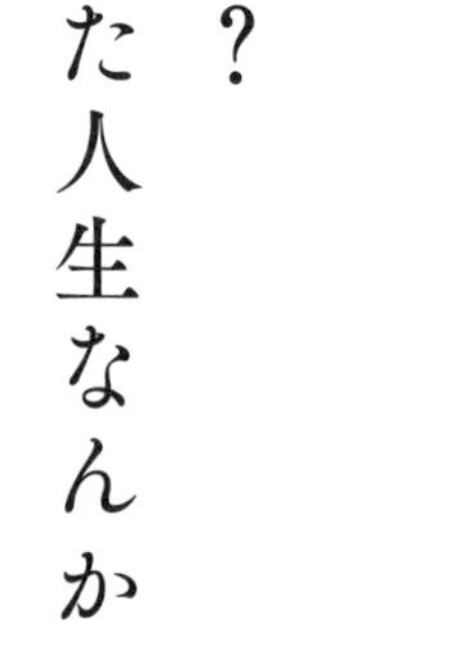

私の母が五十七歳で亡くなった時、遺された父は「今、寝室で動いているのは時計の針だけだ」と寂しそうに言いました。

母の新盆(亡くなってから最初のお盆)にお参りに来てくださった方が、「奥さまが亡くなってお寂しいでしょうけれど、お子さんたちも立派になられたのですから、余生を楽しくお過ごしください」と父を励ましてくれました。

父はかつての戦争で死を覚悟し、大学在学中に特攻隊に志願したと聞いています。それに加えて、母が亡くなる前の十五年間で、胃、頭部、肝臓と三度の手術を受け、そのたびに死を覚悟したといいます。そんな父がお参りの方の言葉を受けて、東京下町の和尚らしい言葉で返しました。

「あんたナ、人の人生に〝余った人生〟なんかないんだぞ。人はいつだって、余りのない人生を生きているんだよ」

「なるほど、確かにそうですね。〝余生〟なんてないんですね。私のほうが住職さんに励まされちゃいましたよ」

余った人生はありません。〝余生〟なんて言うの、よせい! です。

大丈夫。死ぬまでちゃんと生きてます

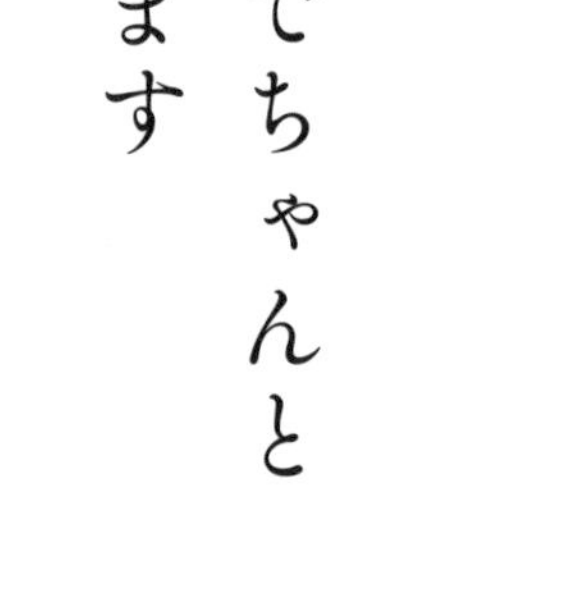

病気になると、誰でも気分が沈みがちになります。私の父は七十歳を過ぎたころから、「もうあまり長くないぞ」「そろそろ死んでしまうかもしれない」とよく言っていました。困った私は「そんなふうに何度も言われても、どう返したらいいかわからないよ」と答えました。すると父は、色紙にこんな言葉を書きました。

〝死ぬ死ぬと　言いつつ生きる　お年寄り〟――情けないことは自分でも十分わかっていたのです。そこで兄に相談して、なんとか気力を保ってもらおうと、お葬式や法事を父にお願いすると「何でも人にやらせおって、私が死んだらどうするつもりだ!」と語気荒く言いました。

「自分が死んだら、家族や仕事はどうなるのだろう」と心配する気持ちはよくわかります。もし体調を崩そうものなら、自分が支えていかねばならない家族のことが気がかりでしょう。しかし、まだ死んでもいないのに、自分がいなくなった後の家族の行く末まで、今心配することはありません。

人は死ぬまで生きています。生きているのですから死んだ後の心配をするよりも、生きているうちにやるべきことを考えてやればいいのです。

始めるより、つづけるより、終わりにするのが大切な時がある

やりたいことがあるのにグズグズしていると、人生の日が暮れてしまいます。やりたいことがあったらどんどんやって、「継続は力なり」の言葉のとおり、簡単には諦めずにやりつづけたほうがいいでしょう。

とはいえ、始めたのだからつづけなければいけない、途中で放棄してはいけない、と頑《かたく》なに思い込み過ぎるのも禁物。仏教でいうところの「執着《しゅうじゃく》」という煩悩です。この執着から離れることが俗にいう〃引き際〃で、とても大切なポイントとなります。体がつらくなってきたり、気づかいに疲れてきたら、潔《いさぎよ》く退く勇気が必要です。

年配の方から、「今年限りで年賀のご挨拶を差し控えさせていただきます」という知らせをいただくと、私は妙に安心します。できればつづけたい、つづけたほうがいい、と思うことでも、「このままでは自分の体(あるいは心)がもたない」と負担に感じるなら、早々に終わりにしたほうがいいのです。

私自身、何でも自分でやろうとするのを終わりにして、誰かに「手伝って」と言えるようになってからはとても楽になりましたよ。

狭い井戸だって十分楽しめる

井戸の蛙《かわず》と笑わば笑え
花も散り込む月も射す

「石の上にも三年」といわれるように、どんなことでもそれができるようになるまでは、同じ季節を三回はくり返して経験を積む必要があるでしょう。自分ができるようになったことを人に教えられるようになるには、さらに経験を積んで知識を増やさなければなりませんから、少なくとも十年はかかるでしょう。

こうして経験を積み重ねて人に教えられるようになると、たいしたことではないのに、いい気になってしまう人がいます。そんな人には〝井の中の蛙、大海を知らず〟と言いたくなってしまいます。私もそう言われて悔しい思いをしたことがありましたが、その後、出合ったのが次の痛快な言葉です。

「井戸の蛙と笑わば笑え　花も散り込む月も射す」

私たちが生きている間に知ることができて、経験することができる範囲は限られています。それはまるで狭い井戸の中のように限定されたもので、私に「井戸の蛙」と言った人にしても、私より少し広めの井戸の中にいるに過ぎません。それでも井戸の中だってそれなりに完結した素晴らしい世界ですし、狭いなら狭いでいいのです。自分が住んでいる井戸の中を、存分に探検してみましょう。

批判もありがたく受け止めよう

批判は貴重なアドバイス

私は俗にいう〝打たれ弱い〟人間でした。人から批判されると、人格も何もかも自分のすべてを否定された気がして意気消沈。そのまま自己嫌悪の深淵へと、もがきもせずに沈んでいくようなありさまでした。時には批判した人への恨みや憎しみを靴底に溜め込んで、その人を踏みつけるかのような思いで這い上がったこともあります。

しかしある時、批判の「内容」と批判した人への「恨み」は、別々にできることに気づきました。嫌いな人から「あなたは間違っている」と言われたら、「うるさい！」と聞く耳を持たないでしょうが、尊敬している人から言われると、「どこがどう間違っていますか？」「どうすればなおるでしょう？」と意見を求め、改善したいとさえ思うでしょう。嫌いな人、苦手な人はともかくとして、批判の内容が妥当ならば、自分へのアドバイスだと思えばよし。批判に耳を傾けないのはもったいないことであり、批判されることはありがたいことなのです。

今でも人に批判されれば落ち込みますが、三日もあれば、「あれはアドバイスだ」と思えるようになりました。そして何より相手を恨むこともなくなりました。

悪いことさえしなければ、それでよし

いつなんどき、どんなことが起きたとしても、心おだやかな境地をめざすための仏教にも戒律があります。「律」は他から強制される規則なので破れば罰則がありますが、「戒」は自分の意思で主体的にやることなので罰則はありません。

この「戒」の中に「十善戒《じゅうぜんかい》」というものがあります（「戒」は主体的なものなので、以下のすべての語頭に「なるべく」がつきます）。

一、無益な殺生はしない。二、他人のものを盗まない。三、よこしまな男女関係はやめる。四、嘘は言わない。五、できもしないきれいごとは言わない。六、乱暴な言葉づかいはしない。七、悪口や陰口を言わない。八、物惜しみをしない。九、怒らない。十、誤ったものの見方をしない。

面白いことに、「十善戒」には〝善〟とあるのに、書かれているのは「十の善《よ》いこと」ではなく「十の悪いこと」。これらの悪しき行いから遠ざかっていなさい、という教えなのです。「十の悪いこと」をしなければ、煩悩を遠ざけ、心おだやかになれるといいます。ポイ捨てや無謀運転など、今日一日、悪いことをやろうと思えばできたけれど、しなかった——それだけで、あなたは素晴らしいのです。

飽きずに一生楽しめる趣味である

趣味は生きていくこと、人生そのものが趣味！

自己紹介欄の定番項目に「趣味」があります。私にはこれといった趣味がないのでとても困ります。本の原稿を書く時に流すBGMは、趣味レベルの音楽鑑賞とは到底いえませんし、可愛らしいお地蔵さまを年に千体くらい描いていますが、これは布教の一環です。

「趣味がない人間は人生を楽しんでいない」と多くの人が思っているらしいので、何とか趣味を作ろうかと考えたものの、私にはそんな暇さえありません。それでやっとたどりついた〝趣味観〟が、「人生そのものが趣味のようなもの」でした。

『新明解国語辞典』には、「趣味：(利益などを考えずに) 好きでしている物事」とあります。これを「人生」に置きかえて「(利益などを考えずに) 好きでしている人生」として、「人生丸ごと趣味です」と堂々と言えるようになりました。ようやく、人並みになれた気がして気持ちが楽になりました。趣味だからこそ本気で熱中し、あれこれ工夫して飽きずに〝一生〟楽しめます。たとえ心が滅入っても、それも趣味の一部なのですぐ立ち直れるでしょう。

〝人生も趣味〟と思ってあまりむずかしく考えず、楽に生きていきませんか。

不満顔をするならおやめなさい

好きなことをしているなら、イヤな顔しなさんな

「人生はたった一回なのですから、好きなことをやりなさい」。これはかつて私がお世話になった大ベテランのアナウンサー、村上正行さんの言葉。お寺で開催していた「話の寺子屋」の参加者に向けておっしゃったひと言でした。

参加者の中には二十代の僧侶が十名ほどいましたが、好きで僧侶になった者ばかりではありません。お寺を継がなければならない、今さら他の仕事では食べていけない——そんなモヤモヤした気持ちが彼らの表情に出ていたのでしょう。

村上さんは「好きなことを仕事にして楽しんでいると、こちらが『いらない』と言ってもお金はついてくるものです」とつづけました。言われてみれば、好きなことを仕事にしている人が、お金の不平を言っているのをあまり聞いたことがありません。好きなことをする代わりに、お金の欲は捨てると覚悟を決めたのでしょう。

生活のために仕事をしている人が多い世の中で、もしも好きなことを仕事にできるなら、「イヤな顔はしない」という覚悟もあわせて持ちたいもの。「イヤな顔するくらいなら、やめればいいのに」と言われてしまいますよ。

何をくよくよ川端柳《かわばたやなぎ》
水の流れを見て暮らす

誰でも「やっておけばよかった」「やらなければよかった」と、くよくよと落ちこむことがあるでしょう。「くよくよ」とは、他の人が気にかけないようなことをいつまでも気に病む様子。そんな気分を吹っ切りたい時に思い出してもらいたい七・七・七・五調の「都々逸《どどいつ》」がふたつあります。

ひとつは〝何をくよくよ　川端柳　水の流れを　見て暮らす〟。

寂しげに垂れた枝が風に揺れ、くよくよしているように見える川端の柳は、すぐ下にある川の水が流れ行く様を一人じっと観察している聖者のようです。やらなかったこともやってしまったことも、すでに流れ去った過去のことですから、くよくよせずに淡々としていればいいのです。

もうひとつは〝何をくよくよ　北山時雨《きたやましぐれ》　思いなければ　晴れていく〟。

京都の北山あたりから降り出す「北山時雨」は、「北」と「来た」をかけた表現としても使われます。「時雨に降りこめられたかのようにくよくよして、問題を解決せねばと思って来たけれど、ツマラナイことへのこだわりを捨てれば、時雨が上がるように心も晴れていくもの」。もうくよくよせずに、自然体でいきましょう。

あなたが自由に見出すもの

人生の意味づけは
これからは自分で！

時々、「人生の意味って何ですか?」と聞かれることがあります。「意味なんかないでしょう」と私が答えると、相手はたいていびっくりします。この手の質問をする方は、宗教者は誰でも「あなたは○○をするために生まれてきたのです」と答えてくれるものと思っていらっしゃるようです。神仏から〝啓示〟を受けているかのように、人生の意味を説く宗教者も中にはいるでしょうが、私は「人生はいつでも未意味」だと思っています。

学生時代は勉強をすることや友だちを作ることに意味があると考えて過ごす人もいるでしょう。卒業後は仕事や家庭に人生の意味を見出す人もいます。人によって千差万別です。

「自分が生まれてきた意味を含め、これまで生きてきた意味や人生の意味は何だろう」とふと考えることがあるでしょう。残念ながら、自分で意味を見出すしかありません。否、ありがたいことに、自分の人生の意味づけは自分でしていいのです。あなたはこれまでの人生に、そしてこれからの人生に、どんな意味をつけますか? それらはすべて、あなたが自由につけていいのです。

一期一会の出会いに感謝を

縁と命があったら
またお目にかかります

若い方はご存じないかもしれませんが、日本の話芸には「笑いの落語」の他に「怒りの講談」と「泣きの浪曲」があります。浪曲は別名「浪花節《なにわぶし》」とも呼ばれ、浪曲師の語りと三味線が織りなす総合芸能です。

中でも私が好きなのは、広沢虎造《ひろさわとらぞう》の『清水の次郎長伝《じろちょうでん》』。ここに、森の石松という人物が登場します。「バカは死ななきゃ直らない」「シラフの時はいいけれど、酒を飲んだら虎狼」と紹介される憎めないキャラの男です。

旅する石松が、泊めてもらった親分の家を発つ時のセリフ。それが「それでは、また縁と命があったらお目にかかります」です。喧嘩三昧でいつ命を落とすかわからない生き方をしているものだから、こんな言い方になるのでしょう。

ついこの間、会ったばかりの方が命を落としたと聞くことも、何年かに一度はあるものです。石松ではありませんが、私たちが人と出会えるのも「縁と命」があるからです。「さようなら」の代わりに石松のセリフを口にするのは私くらいでしょうが、心の中で「お互いに縁と命があって、またお会いできるといいですね」と思えば、一期一会の出会いに一層、感謝できるようになります。

あなた自身がとてつもない世界！

「一《いち》即《そく》多《た》」で世界を大きく感じとれ

「一即多」は、ひとつの中に多くのものが存在している、という意味の仏教語です。この考え方を知ると、今までは小さくちっぽけだと思っていた自分の周りの世界が、顕微鏡で見て感動するように、じつに素晴らしい世界だということがわかります。

たとえて言うなら、この本のページの紙一枚の中に、膨大な世界が詰まっているということです。紙の原材料となった材木は、何十年もかかって森林の中で育ったものでしょう。その木を育てた太陽があり、雨があります。雨を降らせる雲もあります。それらがこの紙一枚の中に詰まっているのです。

その木に鳥が巣を作ったかもしれません。枝の上を虫やリスなどが走りまわったことでしょう。そしてその木を伐採し、運搬し、パルプにした人がいて、紙にするための機械を作った人、働く人にお弁当を作った人もいるのです。これらがすべてこの一枚の紙に詰まっているのですから、まさに「一即多」です。

紙だけではありません。あなた自身も「一即多」の存在、膨大な〝縁〟の集合体なのですから、「私なんて」と卑下しなくていいのです。

もういいかい。
まあだだよ。
ほんとの自分と
かくれんぼ

人生において、「自分は本当は何がしたいのか」がわからずに、モヤモヤした気分で時を過ごす時期があります。

私の場合は、人に好かれたい、お金が欲しい、やりがいのある仕事をしたい、人を傷つけたくない、人の役に立ちたい、目立ちたい、認めてもらいたい……。そんな思いがそれぞれに草むらとなって、〝人生街道〟の道端に散在しているように感じていました。当時はその草むらを一つひとつ手でかき分けながら、「これが本当の自分なのか？」と確かめる作業をしていたようなものです。

五十歳を過ぎたあたりから、草むらの数が減ってきました。かき分けつづけるうちに、「〝本当の自分〟は少なくとも、この草むらの中にはない」とわかったのです。人に好かれたい、お金が欲しい、目立ちたい……といった数々の草むらは、自分で見切りをつけたとたんに枯れていきました。

私も還暦を超え、そろそろ人生の夕暮れ時を迎えます。最後まで残っている草むらがいくつあるか、楽しみです。

人生の日没まで、楽しみながら〝本当の自分〟を探していこうと思います。

私たちの身近にあるたくさんの仏さま

お釈迦さまは仏教の元祖です。いつでも、どんなことがあっても心おだやかでいた人（仏）です。亡くなってから、「どうしてお釈迦さまは悟りが開けたのか」が考えられました。その流れはふたつあります。

ひとつはタイやカンボジアなどに伝わっている、何度も輪廻《りんね》する中で修行して、ついに悟りが開けたとする考え方です。もうひとつは、中国を経て日本に入ったとする考え方で、お釈迦さまを悟らせた力が働いたとしています。

その力とは、優しさや愛、傲慢さや見栄、天体の運行や四季の自然の営みまで、お釈迦さまが人生で経験し、感じ、考えたことすべてです。その力を総称して「大日如来《だいにちにょらい》」や「久遠実成《くおんじつじょう》の釈迦」と言ったりします。

人を仏にする個別の力にも名前が与えられました。優しさを観世音菩薩《かんぜおんぼさつ》、考える力を文殊菩薩《もんじゅぼさつ》、決断して動く勇気を不動明王……という具合です。これらの力はいつの時代でも私たちの周りにあるので、それらを材料にすれば、私たちも仏になれます。私たちは今日も悟りの材料（仏たち）に囲まれているのです。

第六章

名画のように人生も〝修復〟したらいいのです

不安な日々を過ごしている人のために

肝心なのは積極的なアプローチ

いつまでも待っていないで自ら相手の懐へ

自分が発信したSNSの投稿に何の反応も返ってこなかったり、LINEのメッセージが既読にならなかったりするだけで、不安になっていませんか？　それはまるで、意気揚々と出かけた立食パーティーで、誰も自分に話しかけてくれないことにモヤモヤしているようなものでしょう。会場を見回すと何人かが集まって、楽しそうにおしゃべりをしています。自分にだって魅力があって、興味を持たれていいはずなのに、見向きもされません。とうとう、汚れてもいない靴を拭くふりをしながら「イタリア製なのに汚れちゃったな」と一人でつぶやき、これ見よがしに袖をまくっては高価な腕時計を周囲に見せびらかしたりします。

あなたがもし人から興味を持ってもらいたいのなら、やれることはひとつ。まずは自分が相手に関心を持つことです。会話が弾んでいるテーブルに自分から近づき、自分の都合は度外視して、相手に興味を持って会話に入りましょう。

SNSでも相手のリアクションを待つよりも、自分から誰かにたくさんコメントを残すのです。相手が喜びそうな内容を、独りよがりにならないように短く書き込みましょう。ただ、そこまでして「いいね！」がほしいものでしょうか。

やる気の火種は人からもらえる！

やる気の火は
つけ方次第で
よく燃えたり
すぐ消えたり

何をするにもやる気が起きない時があります。自分の中にある〝やる気スイッチ〟を探してみても、頭や背中や腰のあたりのどこにも見つかりません。そんな時はやろうとするのを諦めて、散歩や入浴、ごろ寝をするなど、気分が乗らなくてもできることを、やる気を引きだす呼び水にするといいかもしれません。

やる気が起きたり起きなかったり……という波を何度も経験している人は、何がきっかけでやる気に火がついて、どうなるとやる気が萎《な》えてしまうのか自己分析をして、あらかじめ対応策を準備しておくといいでしょう。

たとえば、すぐに結果が出ないとやる気が失せてしまう人は、「結果は時間を置いて表れるもの」と肝に銘じておくといいでしょう。

おだてられるとすぐにやる気が復活する人は、親しい人に「私のことを三つ褒めてくれれば、高級アイスをプレゼントします」などと頼めばいいのです。

やる気が起こるきっかけは人それぞれです。やる気が出ない時に他の人はどうしているのか、周りの人に聞いてみてはいかがでしょう。十人くらいに話を聞けば、自分にも適用できそうなものがきっと見つかります。

長くつづければいいってもんじゃない！

三日坊主は人生を楽しむチャレンジャー

私の友人に、何かに熱中したり、チャレンジしたりすることを、すべて〝二年区切り〟で行っている人がいます。先日まではサイクリングを趣味にして、二年間、どこへ行くにも自転車に乗り、旅先でも自転車で走り回っていました。学生時代には研究課題も二年でケリをつけ、親となってからはPTA活動も二年間、しっかり取り組みました。「二年単位なら十年で五つ、二十年で十のことができるんだよ」と、彼は嬉しそうに言います。

「三日坊主」から私の友人のような〝二年坊主〟まで、期間の長短はありますが、「やることが長つづきしない」と悩む人がいます。ひとつのことを長くつづければ、より高く、より深いところまで到達できます。でも私の場合、買った本を読み始めて最初の十ページが読みにくければ、そのまま資源ゴミとして出してしまいます。無理に読みつづけなくても、私と出合うのを待っている本が、世の中には山のようにあることを知っているからです。「長つづきしない」というのはたくさんのことに挑戦できて、さまざまなことを楽しめるということです。会席料理のように、少量で多くの品数を楽しめる生き方もいいものです。

いくら蓄えても不安は消せないもの

「安定・安全・安心」は買いだめできません

年に三度ほど会う友人は、毎回同じ服装で現れます。夏は毎回同じポロシャツ、冬は毎回同じトレーナー、といった具合です。「物持ちがいいねぇ」と私が言うと、「失礼な奴だな。お前たちと会う時は毎回新しいのを着てるんだ」と言います。すると、別の友人が「こいつはディスカウントストアで安売りしている同じ服を、十枚くらいまとめ買いするんだ。だから同じ服だけど、毎回新しいんだよ」と説明してくれました。面倒臭がり番付があったら彼は横綱、間違いなしです。

そんな面倒臭がりの友人とは少し違いますが、モノや食べ物などの蓄えがないと不安になる人は、彼と同じようにモノを買い込みます。「備えあれば患《うれ》いなし」といいますから、備えておきたい気持ちはよくわかりますし、「安定・安全・安心」は誰もが願うところです。しかし、この世に諸行無常の大法則が働いている以上、私たちは次々に起こる変化に対応していかなければなりません。

「買いだめ」はその対応策のひとつなのでしょうが、押し入れからモノが溢れ、部屋や廊下をモノに占領された家で肩身の狭い思いをするのはどうでしょう。お金とスペースがあるなら、とことんやってみたっていいとは思いますけどね。

所詮、人間は独りぼっち。
独力で生きていくしか
ないのです

「楽しいことがあっても語り合うこともできず、つらいことがあっても訴えることもできぬとは、独り身とは心細いものよのう」

これは私の好きな講談のセリフのひとつで、独り身の寂しさをこれほど簡潔に表現した言葉を私は他に知りません。

昼間は友達とおしゃべりしたり、趣味を楽しみながら充実した時間を過ごしているけれど、夜一人になると、どうしようもなく寂しくなると嘆く人は少なくありません。離婚や配偶者との死別に加え、生涯独身率も上がりつづければ、今後一人で暮らす人は今までにないスピードで増えていくでしょう。しかし、私たちには知恵があります。独り身を解消するため、「結婚」という枠にとらわれずにパートナーと暮らす人もいるでしょうし、シェアハウスも整備されるでしょう(なければ自分で作ればいいのです)。いずれも「家族」とは異なる関係なので、互いに干渉し過ぎない、適度な距離感を身につける必要があります。

独りで暮らしていく自信がないのなら、寂しいなどと言っていないで、今のうちに、過度に人に依存せずにいられる自分をコツコツと造り上げておきましょう。

「孤独の時間」が経験を価値あるものにする

「孤立」と「孤独」を国語辞典で調べると、どちらも「頼りになる人や心が通じ合う人がいなくて寂しい」といったニュアンスで説明されています。しかし、このふたつの単語には大きな違いがあると私は考えています。

「孤立」は、何らかの事情で自ら他との関係を断った、あるいは他から関係を断たれた状態です。切れてしまった関係をもう一度、繋ぎ合わせるのは容易ではありません。一方で「孤独」は、独りでいても充実している状態で、僧侶が行う修行や、読書などがこれに当たります。

私たちは、一人になった時に自らの経験を振り返ることで、反省したり、総括したりして、その経験を心に刻みつけていきます。これは「孤独」にならないとできません。振り返る時間はほんの数分でしょうが、とても大切な作業です。

年を重ね、人と会うことが徐々に減ってきて、人との関係が断たれた孤立状態になるのが嫌なら、自ら関係を切らさない努力をしなければなりません。しかし、「孤立」ではなく「孤独」であれば、人との関係を自由自在に切ったり、繋いだりすることができます。「孤独の時間」は積極的に持つことをお勧めします。

「人は裏切らない」なんて
おめでたい。
そんな保証がどこにある

人間関係はとても脆弱《ぜいじゃく》です。その脆弱さを補強するために、義理や人情、信頼といったものが大切な役割を果たしているのでしょう。その「信頼」という補強材を根こそぎ取りはずし、裏切られたほうは足元から世界が崩れるような大打撃を受けるのが「裏切り」です。

残念ながら、人は裏切るものです。本人にはそんなつもりがなくても、状況によっては裏切らざるを得ない場合だってあります。

それでも、「親友同士なら、お互いに裏切ってはいけない」と思っている人は多いでしょう。あなたがもし、「親友は裏切らない」と頭から信じているのなら、裏切った人は元から親友ではなかったのです。裏切るような相手を勝手に「親友」だと思っていたのですから、あなたに人を見る目がなかったのです。

信頼に応えよう、裏切らないにしようと心がけるのはとても大切なことです。だからといって、人が裏切らない保証はどこにもありません。「人は裏切らない」という〝ロマン〟にひたらないほうが身のためです。それならば、裏切ってもいいものを、相手が信頼に応えてくれている、と思うだけで十分ではないですか。

ストレスは発散するものではない！

ストレスの根っこに
何がある？
まずはそれを
見つけよう

私たちは日々、さまざまなストレスにさらされています。仕事なら、締め切りに追われている、問題が山積み、仕事内容のハードルが高すぎるなどがあります。また、苦手な人と会わなければならないといった、人間関係から来るストレスもあります。たまに感じるストレスなら休日に旅行やライブで解消できても、毎日のようにストレスを感じていれば、息苦しく、逃げ出したくもなるでしょう。

そんな時は一度、ストレスとがっぷり組むしかありません。

締め切りに追われているのなら、「もう仕事はないの？」と待つくらいでいられるよう、さっさと仕事を片づけてしまうのです。問題が山積みなら、ひとつずつ片づけていく覚悟を決め、仕事の内容が難しいならスキルアップのチャンスと捉えて取り組みます。また、苦手な人がいるなら相手の何が苦手なのかを分析し、たとえばその大雑把なところにストレスを感じるのであれば、几帳面な自分とは立っている土俵が違うのだと納得して、胸に収めます。

自分が何にストレスを感じるのかを考えて、その根本原因を解決すれば、ストレスは発散させなくても、自分の中で消化吸収できるのです。

時間に縛られてちゃ
いつまでたっても
気は休まらぬ

仕事や家事に忙殺される日々を送っていると、なかなか気持ちが休まる時間がないものです。ゆっくりできるはずのお風呂でさえ、「早く入らないと」とついあわてて、夜眠るにも「早く寝ないと」と気を張ってしまうので、何のための休息時間なのかわかりません。

仕事にも家事にも忙殺されている人の多くは、何事も早く終え、百点満点を目指そうとしがちです。六十点でもいいと割り切るのがとても苦手なのでしょう。仕事において六十点で満足するのは難しくても、家事ならば、四角い部屋を丸く掃いても「汚くたって死にはしない」と放っておけそうなものですが、それもできないのかもしれません。それならば、仕事でも家事でも、ひとつのことを〝丁寧に〟やることをお勧めします。気が休まらないのは、「時間」に対する感覚が強いからです。急ぐ、早くなどの「時間」とは異なる〝丁寧さ〟という網をかけるのです。たとえば、書類を揃える時は素早くではなく〝丁寧に〟揃えます。仕上がりにたいした違いはないかもしれませんが、丁寧に行ったことで心の質が変化し、気の休まる〝安全地帯〟が胸の中に出現することでしょう。

何の取り柄もない人なんていませんよ

少しくらい
ましであれば、
それも立派な「取り柄」

履歴書やエントリーシートに記入しにくいのは、自分の「長所」です。謙虚であることを美徳とする日本人は、自分で自分を褒めるようなことはめったにしませんし、そもそも自分の「よいところ」を意識して暮らすような国民性でもありません。そのため、自称「何の取り柄もない人」が多くを占めることになります。『新明解国語辞典』では、「取り柄：凡庸《ぼんよう》だと思われる人の性質や才能の中で、幾分増しだと思われる所」であると解説しています。「幾分増し」という言葉に救われる気がします。

つまり、「取り柄」とは、他の人よりも抜きん出ているところではないのです。幾分増しなら立派な取り柄です。そう考えると、周りには「取り柄」のある人がたくさんいることがわかります。「若さ」や「元気」が取り柄、「真面目」が取り柄、「笑顔」が取り柄の人だっているのですから、自分には何の取り柄もないなんて思わなくていいのです。自分の「取り柄」がわからないなら、周りの人に聞けばきっとすぐに答えてくれるはずです。もし「取り柄がないのが取り柄だ」なんてつまらないことを言う人がいたら、友達リストからはずしちゃっていいですよ。

自分とは違うやり方が気に入らない人へ

「自分のやり方」は人それぞれ。イライラしたって仕方ない

映画『カジノ』の中で主人公が言う、「やり方には三つある。正しいやり方、間違ったやり方、そして俺のやり方だ」というセリフ。これは、自分をイライラさせる人を理解するための、自分の心を落ち着ける魔法の言葉です。

私たちは基本的に、自分が「正しい」と思ったやり方をします。しかし、正しいかどうかは、後にならないとわかりません。これは仏教の「善悪」の考え方と同じで、時間が経過しないと判定できず、その判定も暫定的でしかありません。

あえて間違ったやり方をする人はいません。もし、間違っていることを承知でやる人がいたら、何か魂胆があり、真の目的はその先にあるのでしょう。

残るは「俺（私）のやり方」です。人はそれぞれに「自分のやり方」でしかできません。あなたをイライラさせるつもりがなくても、その人のやり方でしかできないのです。あなただって、自分のやり方でやっているはずです。「いやいや、人に言われたようにやることもある」とおっしゃりたいかもしれませんが、それは「人に言われたようにやる」という、あなたのやり方なのです。

さて、どうですか。周囲の人にイライラするのが少なくなりそうですか？

心を許せる友人も、心変われば目の前に現れる

「心を許せる友人がいない」と嘆く人がいますが、「心を許せる人がきっといるはず」と考えていること自体が幻想です。あなたの言う「心を許せる相手」は、あなたが何を思っても、何を言っても、何をやっても、すべてを受け入れてくれるのでしょうが、そんな人がいるはずはありません。もしいたとしたら、その人は仏さまのような広い心の持ち主でしょう。心を許せる友達が欲しいなら、まずは自分の中にあるひがみや嫉妬、怒りをなくすこと。人を傷つけたり、不愉快にさせたりすることがなくなれば、あなたは心許せる人だと思ってもらえるようになります。それが、心を許せる友達を持つための第一歩です。

また、「悩みを相談できる人がいない」と嘆く人がいます。一人で悩みを抱えるのはとてもつらいでしょう。しかし多くの場合、それは遠慮のしすぎです。中には面倒がる人もいますが、ある程度は相談にのってくれる人がいるものです。相談する相手は、できれば三人くらいは欲しいところで、異なる意見を持つ人たちだといいでしょう。三人寄れば、文殊菩薩《もんじゅぼさつ》レベルの知恵が出てきます。「当たって砕けろ」という気持ちで相談にのってほしい、と頼んでも大丈夫ですよ。

あなたの周りで数えてごらんなさい

あなたを嫌いな人がいる？
そんなのたった
数パーセントでしょ

子どものころ、私たちは親（大人）の庇護《ひご》を受けなければ生きていけませんでした。いい換えれば、「他人に好かれる」と生きやすくなるということでした。大人になってからもそれは同じで、「好かれたい」という思いがやがて「嫌われたくない」という思いに変わり、その恐怖心を土台にして生きている人もいます。

ここで、自分が嫌う人はどんな人かを考えてみましょう。自分の利益や保身を優先し、嘘をついたり悪口を言ったり、傲慢だったり図々しかったり、やるべきことをやらなかったり……そんなところでしょう。自分がそうならなければ人に嫌われることは恐らくありません。

もうひとつ、知り合いの中で、あなたに好意を持っている人、あなたを嫌っている人、あなたのことを何とも思っていない人、これらの割合を考えてみましょう。あなたのことを嫌っている人の割合は、恐らくせいぜい数パーセントでしょう。

周りの人全員から好かれるなんて人はいません。たとえ人格者であっても、数パーセントの人からは嫌われているはずです。「人に嫌われたくない」ではなく、「自分を嫌う人がいるのは仕方がない」くらいに思いましょう。

独りよがりの思いは迷惑千万。まずは自分の心を鍛えて

仕事関係で助けてくれる人や相談にのってくれる人、何かにつけて気遣ってくれる人など、あなたが頼りにしている人がいるでしょう。そのような人たちは自分にとってありがたい存在ですから、ふとした言動に感謝の思いが滲《にじ》み出て、言葉にしなくてもそれが相手に伝わり、よい関係が保たれているはずです。

一方で「自分は大切にされていない」と感じる人もいます。大切にされないのには本人、または相手にもそれなりの原因があり、それに気づかずに大切にされたいと願うのは無理があります。あなたが大切にされないのは、相手に頼りにされていない、感謝されていないからかもしれません。「私はあなたを大切にしているのに」という無言の恩の押し売りにウンザリしている場合もあり、相手は感謝に値しないと思っているのです。相手を大切に思って行動するのはいいことですが、それよりもたとえ人に大切にしてもらえなくても、卑屈にならない心を養いましょう。感謝を忘れず、精神的に自立し、人を助け、責任を全うしていれば、人に大切にされたいとは思わなくなり、「I am OK.」(大丈夫) のひと言が出てきます。

考えに考え抜いた末に選べばよし

二つに一つで迷っても
絞り込んだ選択肢なら
どちらも正解！

一つのことに取り組むのに、どうやろうかと迷うことがあります。正しいやり方、効率的なやり方、大勢の賛同者が得られるのは……失敗しても被害が少ないのは……経済的なのは……などなど、さまざまな側面から考えて選択肢を絞り込んでいきます。

これらの中で、自分が「正しい」と思うやり方についてはすでにお伝えしたように、結果的に正しかったかどうかは時間が経過しないとわかりません。間違っていると思うやり方は選びませんから、その時、正しいと思った方法でやるしかありません。ですから、「正しいかどうか」は考えなくていいのです。

絞り込んだ結果、いくつかあった選択肢が最終的に二つになればしめたもの。考えに考え抜いて選んだ二つにも、メリットとデメリットはありますが、あちらを立てればこちらが立たず、といったものです。そうなれば、どちらを選んでも変わりません。選んだほうを「正解」として進めばいいのです。残った二つのやり方でも迷う場合は、サイコロを振りましょう。奇数ならA案、偶数ならB案でGO！ です。「絞り込む」というのは、そういうことです。

過去を振り返るのは
何かを生みだす時だけ

嫌なことを引きずってしまい、なかなか立ち直れないことは誰にでもあります。私自身は、嫌なことは三日で解決することにしています。

一日目は、ショック状態に浸りきります。二日目は、なぜ自分がショックを受けているのかを考えます。原因は自分の都合通りにいっていないからで、その都合自体に世の中で通用する普遍的な正当性があるかどうかを考えます。当然そんなものはなく、自分のわがままな都合が元になってショックを受けていることがわかります。三日目は、ショックの元になった「わがまま」を捨てることを決意して、新たにスタートを切ります。こうして嫌なことから立ち直るのです。

呑気《のんき》な私でも、引きずり期間が最長十五年に及んだことがありました。それを氷解させたのはメキシコの作家、ドメニコ・エストラーダの「過去を振り返るのは何かを生みだす時だけでいい」という言葉でした。自分の保身のために私を苦境に陥《おとしい》れた人を今でも許せませんが、この言葉を知り、その人を憐れむことにしたのです。人を憐れむなど傲慢だとは思いますが、憐れみを生みだすことで、「俗物図鑑」の表紙を飾りそうな人と苦々しい過去に、きれいに決別できたのです。

夢や願いを叶えるには「待つ我慢」も必要

すべては〝縁〟。人と時が揃わないと動き出さない

夢や願いは、ひとつの目標です。その目標を達成するために、私たちは時にやりたいことも我慢し、やりたくないことでも我慢してやります。このふたつの「我慢」を忍耐強くつづけられるかどうかは、夢や願いという目標設定の強固さや明確さにかかっているといっていいでしょう。さらに、目標達成のためのハードルが高いほど、そのために払わなければいけない犠牲が増えます。

どんなことでも、一人の力では達成できません。「自分の努力」という〝縁〟をはじめ、数えきれないほどの〝縁〟が全員集合しないと、夢や願いは叶いません。それを昔の人は、「物事は人と時が揃わないと動き出さない」と言いました。たとえば、「一番乗り」という夢には「他の人に先を越されない」という〝縁〟、「旅に出たい」という願いには「家を出る前に宇宙から隕石が落ちてこない」という〝縁〟が必要です。これらは「自分の努力」では、どうすることもできません。

ある夢が叶いそうもないと思ったら、私は「できることはすべてやったのだから、まだ〝その時〟ではないのだ」と〝時〟を待ちつつ、別の夢に乗り換えることにしていいます。夢や願いのいいところは、その数が無尽蔵だということです。

閉ざされた扉の前に
立ったままでは
ツキはやって来ません

「幸せの一つの扉が閉じると、別の扉が開く。しかし私達は、閉ざされた扉をいつまでも見ているために、せっかく開かれた扉のほうが目に入らないのです」

これはヘレン・ケラーの言葉で、私は名言だと思います。

時々「自分はツイてないいな」と思うことがあるでしょう。自分の周りにツイている人、ツキまくっている人がいるせいかもしれません。ツイている扉を開けている人をチラリと見ながら、自分はツイていない扉のほうばかりをじっと見つづけていきます。そして、閉ざされた扉の前で「あの人はツイてるのに、私はツイてない」と、人と比べてぼやくのです。理性的な人なら、「ツイてないって言うけど、あなただってツイてることはたくさんあるでしょう。それに気づいてないだけですよ」とアドバイスをくれるでしょう。

もしツキを呼び込みたければ、前項でお伝えした通り、自分で引っぱれるだけの〝縁〟を集めることです。たとえそれができなくても、毎日食べるものがある、あたたかいお風呂に入れる、戦争がない国で生きている、といったツキが今あることに気づきましょう。何より、本書を手にしているあなたはツイてますよ。

憂鬱だと思うのも案外悪くないもの

憂鬱な気分があってこそ彩られる日だってある

月曜日がやってくるのが憂鬱だという人、月曜日から会社や学校が始まるので嫌だという人（なぜ嫌かにもさまざまな理由はありますが）は少なくないでしょう。あるいは、日曜日という休日が終わってしまう寂しさもあるかもしれません。

いずれにせよ、月曜日の朝、会社や学校に行って、夜、帰宅するころには、日曜日に抱えていた「月曜日を迎える憂鬱」などすっかり忘れているはずです。もし火曜日以降も憂鬱な状態がつづくようなら心配ですが、ほとんどの場合は〝日曜日限定〟ですから、たいした問題ではありません。

それでも、「月曜日を迎える憂鬱」をうまく処理できない人は、江戸時代初期の陽明学者、熊沢蕃山《くまざわばんざん》の句を味わうといいでしょう。

「雲のかかるは月のため　風の散らすは花のため　雲と風とのありてこそ　月と花とは尊《とお》とけれ」

人は、月が雲で隠れると残念に思い、花が風で散ると寂しく思います。しかし、雲や風があるからこそ、月を愛《め》で、花を愛《いと》おしく感じられるのです。同じように、「憂鬱な月曜日」あってこその楽しい日曜日、と捉えて休日を過ごしませんか。

意志は弱くともやり遂げることはできる

意志が弱いなら意地っ張りになってみよう

意志が弱く、そんな自分をどうにかしたいという人がいます。

多くの人は「こだわり」という強い意志のために、ひとつのことを引きずってしまうものです。その点、意志が弱い人はある意味で諦めがよく、妥協点を見つけて撤退するのが早いのですから、もはやひとつの特技ともいえるでしょう。

愚痴をこぼしたり、人に毒づいたり、意地になったりした時に、私が思い出す言葉があります。それは、「愚痴の濁りを取れば口になり、心の毒の濁りを除けば（人）徳になり、意地の濁りを払えばきれいな意志になる」です。

意志が弱い人は、「意地の濁りを払えばきれいな意志になる」の逆で、「意志」の「し」に濁点をつけて、「意地」になってやりつづければいいのです。意志を強くするよりも、「意地っ張り」になるのです。意地だろうが自棄糞《やけくそ》だろうが、やり遂げればきっと成功体験が得られ、その成功は自信につながるでしょう。

ただし、一度か二度、成功しただけで「やればできるものだ」と妙な自信だけつけて、具体的な行動を何も起こさない意志の弱い人、に逆戻りしてしまわないように気をつけましょう。

誰かに言われる前に
自分を省《かえり》みれば
何があっても大丈夫

人にひどいことを言われて傷つき、「そんなふうに思われていたなんて」と落ちこんだり、頭にきたりした経験はどなたにもあるでしょう。しかし、自分が思っている自分と、他人から見た自分に大きなギャップがあるのは当然なので、生きている間（へたをすると死んでからも）同じようなことが何度も起こります。

そのたびにショックを受けるなんて馬鹿げていますから、何度も傷つかないよう準備をしておくに越したことはありません。自分が他人からどう思われているのかを予想しておくのです。たとえば、「私には傲慢なところがあると思っている人はいるだろう」、などと考えるといいでしょう。八方美人なところ、上には弱く下には強く出てしまうところ、自分だけが正しいと思い込んでいるところ……など、五つくらいは予想できるでしょう。「自分には○○なところがある」という予想はたいていい当たっているので、自らを省みる材料にもなります。

この準備さえしておけば、誰かにひどいことを言われても、「あなたがそう思っているだろうと、わかっていましたよ」「あの人ならそう思っているでしょうね」と、軽くスルーできるようになるでしょう。

他人の本心
知らぬが仏。
わが身のために

恋人や配偶者に自分は好かれているだろうか、愛されているだろうかと不安がる人がいます。おそらく、「自分が好かれているか」ではなく「自分だけが好かれているか」が心配なのでしょう。私も家内に「あなた、やさしいわよね。だ・れ・に・で・も」と、ヤキモチを焼かれたことがあるのでよくわかります。ただ、いくら不安でも「私のことだけ好きでいて、愛していて」などと言えば、独占欲のかたまりのようで「嫌われるかもしれない」とさらに不安になるかもしれません。あるいはそんなことを言って「実は最近、他にも好きな人が……」とでも言われたなら、谷底に突き落とされたような気持ちにもなります。

たいていの場合、自分が好かれているか、愛されているかどうかは、相手の言葉や態度の端々《はしばし》からわかるものです。それが感じられないから不安になるのでしょうが、「私のこと好き？」と答えを迫って、相手の本心など聞かないほうがいいと、私は思います。「君だけだよ」と言われても嘘かもしれません。また、相手の本心を勝手に想像するのもやめたほうがいいでしょう。他人の心を知ろうとするのは、そもそも悪趣味な行為だと思うのです。

苦手な相手と対峙《たいじ》せずにすむ道もある

私たちの周りにはソリの合わない人がいれば、苦手な人、嫌いな人もいます。しかし、生きていればそのような人たちとも接しなければなりません。それはいつの時代も同じで、仏教語の「八苦《はっく》」には「怨憎会苦《おんぞうえく》」＝怨み、憎んでいる者と会わなければならないという苦しみが入っています。この言葉は、「会いたくない、という都合が叶わないこともある」という意味です。

この苦しみから逃れる方法は二つあります。ひとつは、会いたくないという都合を叶えるために、物理的な距離、精神的な距離をとること。相手を見かけたら隠れる、逃げる。話しかけられないよう誰かと話し始める。話す時にはそっけなく対応するなどです。大人気ないかもしれませんが、背に腹はかえられません。

もうひとつは、会いたくないという都合自体をなくす方法で、「会うのも仕方ない」と腹をくくるのです。会いたくない理由はさまざまでしょうが、もし意地が悪い相手なら、「意地悪をしてまで私の気を引きたいのですか？」「いじめっこって弱虫ですよね。自分より強い相手はいじめませんからね。あなたって弱いんですね」くらいのことを、サラリと言い放ち、身の安全を確保していいのです。

心の内を見つめ〝危機感〟を抱こう

自らの行く末を案じる者は堕落の道には進まない

周囲の心配や助言をよそに、自分でもよくないと思いながら、ドカ食いや大酒飲み、買い物依存、長時間のゲームやネットなど、悪い習慣を断つことができない情けない人たちがいます。衝動をコントロールできない人は、心の底から〝何か〟に気づかない限り、それらをやめることはできないでしょう。

私の場合は「このままいくとどうなるか」と考えることで、その〝何か〟が見えてきました。ドカ食いで体を壊す。酒が入ると理性が逃げ出す。買えば買うだけ物は増え、財布の中身は減る一方。ゲーム脳になってしまうと現実の世界に充実感を得られなくなるなどがこの先に待っている未来です。どれも他人が心配してくれたことですが、他人がいくら警告したところで、本人が内面化しないことにはどうにもなりません。私の友人にも心配な人がいますが、自分でまずいと思っていてもやめられず、内面化もしないので、倒れるまでやらないとわからないだろうから、もはや放っておくしかありません。自制心のない人たちは危機感が足りないのです。それでも「倒れるまでやらせてくれ」と本人が言うのなら、周りは呆れて何も言えなくなります。もちろん〝自己責任〟というオマケつきです。

人生、何度だって重ね塗りできる！

名画のように
人生も〝修復〟したら
いいのです

「若いこころに戻りたい」などと無茶なことを言う人がいます。その多くはお年寄りの言う気力や体力が充実していた「若いころ」という意味でしょうが、若い人の中にも「あの時に戻ってもう一度やり直したい」と思う人はいるでしょう。

人生はいつだって意味が確定していない、「未意味」であると私は思っています。人間は、この世に生まれた時から白いキャンバスに絵を描き始めるようなものので、その時々の絵のタイトルが、その時点での人生の意味を表しています。

〝人生〟という絵には、何かを描き加えることができます。下描きを消すことはできませんが、絵の具を塗り重ねたり修正したりすることは何度だってできます。たとえば、「悩んでいる自分」の絵を、「考えている自分」の絵に描き変えることもできます。自分が転んでしまっている絵の横に、「歩こう」としていた事実を示す絵を描き加えることもできるのです。

残念ですが、真っ白なキャンバスに戻すことはできません。でも世界中の名画が何度も修復され、塗り直されてきたように、あなたの〝人生〟という絵も、自分で修復しながら見事な名画に仕上げていくことができるのです。

【著者略歴】

名取芳彦（なとり ほうげん）

1958年、東京都生まれ。大正大学卒業。1984年より元結不動密蔵院住職。真言宗豊山派布教研究所所長。

豊山流大師講（ご詠歌）詠匠。密蔵院での写仏講座・ご詠歌指導のほか、出張法話など幅広い活動を行う。

著書に、『気にしない練習』（三笠書房）、『心がすっきりかるくなる般若心経』、『人生が変わる空海 魂をゆさぶる言葉』（ともに永岡書店）など多数。

【スタッフ】
デザイン　藤塚尚子（e to kumi）
イラスト　なかきはらあきこ
構成　コバヤシヒロミ
校正　くすのき舎

※本書は弊社発行『えんま様の格言』に加筆・修正を行って再編集し、改題したものです。

和尚さんの 一分で心を整えることば
2021年12月10日　第１刷発行
2024年２月10日　第11刷発行

著者　名取芳彦
発行者　永岡純一
発行所　株式会社永岡書店
〒176-8518　東京都練馬区豊玉上1-7-14
代表 03(3992) 5155　編集 03(3992) 7191
DTP　センターメディア
印刷　アート印刷社
製本　コモンズデザイン・ネットワーク

ISBN978-4-522-45405-3　C0176